COCINA EN CASA
CON CHEF JAMES

COCINA EN CASA
con CHEF JAMES

INGREDIENTES SIMPLES, PARA UN COCINA EXTRAORDINARIA

CHEF *James* TAHHAN

A CELEBRA BOOK

CELEBRA

Publicado por New American Library,
Una división de Penguin Random House LLC
375 Hudson Street, Nueva York, Nueva York 10014

Este libro es una publicación original de New American Library.

Primera impresión: septiembre 2016

ISBN 978-1-101-99042-1

LIBRARY OF CONGRESS CATALOGING-IN-PUBLICATION DATA:
Names: James, Chef, 1988– author.
Title: The homemade chef: ordinary ingredients for extraordinary food/Chef James.
Description: New York, New York: New American Library, an imprint of Penguin Random
House, LLC, 2016. | "A Celebra book."
Identifiers: LCCN 2016000676 (print) | LCCN 2016012685 (ebook) | ISBN 9781101990414 |
ISBN 9781101990452 (ebook)
Subjects: LCSH: Cooking. | LCGFT: Cookbooks.
Classification: LCC TX714 .J355 2016 (print) | LCC TX714 (ebook) | DDC 641.5—dc23
LC record available at http://lccn.loc.gov/2016000676

Impreso en EE.UU.
10 9 8 7 6 5 4 3 2

Diseñado por: Pauline Neuwirth

Penguin
Random
House

Principalmente a mi madre por apoyarme incesantemente, por empujarme a siempre hacer las cosas lo mejor posible y por darme todo lo que tenía, que hoy por hoy, significa un mundo. Gracias.

A Russel Conde por ser mi gran soporte y guía para catapultarme a seguir en esta mágica carrera, dándome la confianza para convertirme en chef y hacerlo bien.

Y a todos ustedes que me siguen a través de televisión, redes sociales y visitan constantemente mis restaurantes. Sin su apoyo, nada de esto sería posible.

Se dice que la cocina es el corazón del hogar, y por eso hay que mantenerla latiendo con buenos sabores y aromas.

índice

COCINA EN CASA

CON CHEF JAMES

¡introducción y bienvenida!

Querido lector, te doy la bienvenida a mi primer libro de cocina y quiero felicitarte de antemano por haber tomado la decisión de aprender más sobre este bello arte que es el cocinar. Con cada página nos embarcaremos en una aventura que saciará tu apetito de conocimiento. Aprenderás, por supuesto, a preparar platillos suculentos, rápidos y beneficiosos para el cuerpo. Las recetas de este libro están inspiradas en los platos que cocino en mi restaurante Sabores by Chef James y en casa. Crecí en Venezuela y fue allí donde me enamoré de la comida latina. Mis raíces son multiculturales por lo tanto siento una enorme pasión por combinar técnicas y sabores latinos con ingredientes internacionales para crear platos sencillos pero para nada ordinarios. El resultado son platos pan latinos que tienen mi conocido factor *iwow!* Aprenderás a hacer platos sencillos y sofisticados que impresionarán a tu familia y a tus amigos, y a utilizar unas muy valiosas técnicas para preparar y cocinar alimentos que te servirán para el resto de tu vida. Bien seas principiante cocinando o tengas más experiencia, te prometo que te divertirás y te sorprenderás al ver cómo este libro te ayuda a disfrutar aún más de la cocina. Se dice que la cocina es el corazón del hogar y por eso hay que mantenerla latiendo con buenos sabores y aromas.

Para un cocinero inexperto, el mundo culinario puede resultar intimidante —hasta complicado—, estresante e intenso pero la verdad es que no hay razón para temer. Con los avances de la modernidad, hoy en día cocinar resulta muy fácil: atrás quedaron esas imágenes donde cocinar era un trabajo pesado. Vivimos en una época donde los utensilios de cocina nos facilitan mucho el trabajo, una época donde, en la gran mayoría de los supermercados podemos encontrar una altísima variedad de ingredientes frescos y de buena calidad. Y donde ante cualquier duda, podemos consultar el Internet y las redes sociales para salir de ella.

A lo largo de mi carrera he tenido la oportunidad de viajar por el mundo y esto me ha permitido experimentar a través de la comida los países que visito. Constantemente busco probar platillos típicos sin importar que el restaurante sea reconocido o pequeño o incluso se trate de puestos de comida en la calle (que muchas veces resultan sorprendentes). Me gusta hacerme amigo de las personas del lugar para que me recomienden dónde comer y sigo sus recomendaciones al pie de la letra. Aunque muy pocas veces las recomendaciones no han sido tan buenas, la gran mayoría valieron 100 por ciento la pena. Te cuento que en bastantes ocasiones he comido mejor en un restaurante chiquito, casero e íntimo que en restaurantes más finos. Te estarás preguntado por qué te estoy comentando todo esto, y es sencillo: quiero que sepas que cocinar bien está al alcance de todos. No se necesita una gran cocina para hacerlo, sólo una buena actitud, ganas de pasarla bien y una chispa de creatividad.

Y es que mi caso es una historia verídica de que si se quiere cocinar o lograr cualquier cosa que uno se proponga, sólo se necesitan ganas. Cuando llegué con mi madre a los Estados Unidos tenía tan sólo catorce añitos de edad y nuestros comienzos aquí, como los de cualquier inmigrante, fueron duros. Mi madre llegó a tener hasta cuatro trabajos para poder sacarnos adelante y yo, al ver sus esfuerzos, también decidí ayudarla trabajando desde pequeño. Aunque ya a esa temprana edad me interesaba en la cocina, no era prioridad puesto que mi primer objetivo durante estas épocas era estudiar y trabajar para echar *pa'lante,* como decimos los latinos.

Vivíamos en una casa pequeña, y aunque la cocina era chica, siempre la utilizaba para preparar cosas sencillas. En esos días de mi adolescencia mi rutina era sencilla: colegio y luego trabajo. ¡Y sí que trabajé! Antes de convertirme en chef ejercí como vendedor de celulares en un puestico de un centro comercial; era tan joven que era ilegal para mí trabajar, pero me las ingenié y convencí al dueño de que me dejara hacerlo. Luego pasé a ser vendedor de vitaminas y al poco tiempo salté al mundo del *telemarketing.* Justo cuando pensé quedarme un tiempo ahí, se me dio la oportunidad de hacer comerciales en la radio y decidí saltar al mundo de la comunicación social. Paralelo a esto, estaba empezando mis estudios de química para convertirme en odontólogo (¿¡me imaginan ustedes de odontólogo!?), y justo cuando estaba en ello, finalizando mi carrera, me di cuenta de que tenía una curiosidad grandísima por cocinar, así que decidí inscribirme en un instituto culinario, haciéndole caso a mi vocación y llama de chef.

Lo que ocurrió luego es sencillamente algo que todavía al sol de hoy, me sorprende mucho. Un par de años después de haberme graduado como chef y mientras trabajaba en la radio estaba haciendo unas entrevistas para cubrir un evento gastronómico, me invitaron a Telemundo para hablar del evento. Al llegar ahí, ocurrió un contratiempo y me dijeron que no iban a poder sacarme al aire. Justo cuando me estaba yendo, un productor me preguntó si yo soy en realidad un chef y que si podía cocinar. Ya habiendo terminando mis estudios culinarios, afirmé que sí lo

si se quiere cocinar o lograr cualquier cosa que uno se proponga, sólo se necesitan ganas.

era y me citó al día siguiente para una «entrevista» para ser el próximo chef de la cadena. Como tenía mucho trabajo, le confirmé que sí iría, pero sólo para salir del paso y terminar los quehaceres de aquel día. Siendo alguien responsable, al siguiente día no fui a la entrevista porque tenía que cumplir con mi trabajo y resultó que me llamó mi jefe y me dijo que tenía que ir a Telemundo porque tenía a un productor hostigándolo para que me dejara asistir. Para hacer la historia corta, les cuento que al llegar a Telemundo fui el único que se fue vestido de «entrevista» cuando en realidad lo que había que hacer era una prueba en la cocina. Me las terminé ingeniando y pidiendo prestados los utensilios a los otros chefs que habían ido, para poder participar en la prueba. Y con todo en contra, logré quedarme con la posición y ser ahora parte de sus hogares.

De vez en cuando, me levanto y pienso en lo afortunado que soy al haber podido seguir mi sueño, y por sobre todas las otras cosas: poder cocinar para la gente. Sobre todo porque mi inclinación por la cocina comenzó de una manera en la cual yo no esperaba. Pero así nos sorprende la vida. Todo empezó con la ayuda de un vecino al que estimé mucho: el señor David. Y es que durante mi infancia en Venezuela, solía ir a jugar mucho en casa de mis vecinos, los hijos de este carismático personaje, tanto así que llegaba a veces a pasar más tiempo en su casa que en la mía. A las pocas visitas a su hogar, descubrí que el señor David era un chef excepcional y que a pesar de que a sus hijos no les gustaba comer las delicias que él preparaba, a mí me encantaban. Esto fue algo que nos unió mucho, él encontró alguien que disfrutaba tanto de su comida como él, y yo descubrí una nueva pasión a una temprana edad de mi vida. Se podría decir que con él se inicia este gusto por cocinar, y a tal punto que todavía recuerdo el primer platillo que preparé con él. Se trataba de «perlitas a la andaluza», un pescado bastante pequeño que preparábamos frito. Yo me sentía como todo un chef pasando los pescaditos por el proceso del empanizado y de ahí a la freidora. Recuerdo que eran tan pequeños que los podíamos comer con todo y espinas, y el sabor... increíble. Todas estas experiencias fueron creando dentro de mí ese deseo de convertirme en chef.

Habiendo vivido todo esto, siempre me han sorprendido las razones por las cuales muchas personas no se han animado a cocinar. Y claro, las hay de todo tipo y colores, desde la falta de tiempo hasta el común «yo no sirvo para eso», y en mi opinión no hay nada más equivocado que estos argumentos. Por eso, desde que empecé mis estudios culinarios me propuse como misión hacer de la cocina algo más accesible, ameno y natural para todo el mundo. Este afán me llevó a simplificar la manera en la cual explico la cocina, haciéndola fácil de entender sin importar la experiencia que tengas. Mi manera de ver la cocina es muy directa: mientras más simple la explicación, mejores los resultados. Y pronto te darás cuenta de ello en casa. Verás que la cocina es más que preparar recetas; la cocina es una filosofía. Un poquito más de esto, un poquito menos de aquello. Son decisiones que te vendrán naturalmente mientras cocines y desarrolles tu propia filosofía del cocinar.

Mi primera intención con este libro es hablar el idioma que mejor hablo, el idioma que todo el mundo entiende. Me refiero al idioma de la comida. Y mi segunda motivación para escribir este libro es la de llevar el concepto de cocinar sin complicaciones —que practico diariamente en mis programas de cocina— a tu hogar. Te llevaré poco a poco de la mano, enseñándote sobre qué ingredientes usar y cómo comprarlos, cuáles son los utensilios necesarios en cada cocina y cómo preparar en casa platillos espectaculares de manera sencilla, como si fueras un chef profesional. Entre recetas y consejos también te confesaré experiencias personales acerca de cómo llegué a cocinar. Además aprenderás varios de mis secretos para cocinar que te serán muy útiles en casa, y sobre una que otra «metida de pata», como decimos en mi país, que me ha sucedido mientras cocino, para que te des cuenta de que está bien cometer errores y aprender de ellos. Después de todo, el primer ingrediente que debe haber en cada receta para que tenga el factor ¡wow! del que tanto hablo en la televisión, es la diversión, seguida de la pasión.

He incluido también en el libro habilidades esenciales y sencillas que te harán la vida mucho más simple en la cocina. Aprenderás destrezas básicas con el cuchillo que te serán muy útiles a la hora de deshacerte de la grasa de algunos cortes de carne sin sacrificar sabor ni textura. Del mismo modo, hablaré de las técnicas básicas de cocción y cómo utilizarlas para maximizar el tiempo. No podemos dejar a un lado lo importarte que es encontrar los ingredientes de calidad que elevarán el sabor de todo lo que prepares. Por eso también dediqué una sección a los ingredientes que puedes comprar según la temporada, los beneficios de comprar orgánico, cómo elegir cortes de carne según el platillo que vas a preparar y hasta a reconocer el pescado fresco.

En cuanto a la selección de recetas, he añadido en su gran mayoría platillos que son rápidos de preparar, pero que no sacrifican sabor, para que puedas cocinar rico y sin gastar mucho tiempo. También encontrarás recetas nutritivas que le sumarán a tu cuerpo en vez de restarle. Es importante que sepas que no importa el tamaño de tu cocina, he incluido consejos que te ayudarán a preparar recetas de forma alternativa con los utensilios que tengas disponibles en tu hogar, para que aproveches al máximo lo que posees. En algún momento, cuando estaba recién llegado a los Estados Unidos, me tocó cocinar en una de las cocinas más pequeñas que he visto en mi vida, así que te digo por experiencia que si sigues mis instrucciones podrás cocinar muy bien desde tu cocina. Y no podía dejar este libro sin incluir algunos de mis cócteles favoritos, que avivarán el ambiente de cualquier reunión o evento que decidas tener en casa. Si bien dije anteriormente que la cocina es el corazón de un hogar, debemos tener las habilidades y cócteles para animarlo.

Por último, escribí este libro para armarte con las habilidades básicas que necesitas para cocinar. Luego de haber ido a la escuela a instruirme en cocina y de haber abierto restaurantes, he logrado resumir algunos de mis conocimientos más importantes para hacer de la cocina algo muy fácil. Quiero que te sientas con confianza de poder probar algo nuevo y espontáneo en la cocina. A la vez, quiero que tengas los conocimientos para tomar tus propias decisiones y que puedas recomendar a tus seres queridos acerca de dónde comprar, qué ingredientes utilizar y cómo prepararlos. Busco entusiasmarte a que conozcas un poco más de este maravilloso mundo, para que siempre puedas hacer de algunos ingredientes ordinarios, platillos extraordinarios, comidas completas y deliciosas. Deseo inspirarte para que le tengas confianza a la comida casera. Para que puedas ir a un restaurante, ver los ingredientes y preparar una mejor versión de ese platillo favorito que te encanta. Para animarte a consentirte por medio de un exquisito plato que pudiste preparar en pocos minutos. ¡Eso es lo que busco! ¡Eso es lo lindo y emocionante de la cocina! Juntos derrumbaremos lo que te intimide de la cocina, y pronto te darás cuenta de que eres capaz de cocinar cualquier cosa que te propongas.

el corazón del hogar: la cocina

Prepárate para hacer de tu cocina un lugar donde cada vez te sentirás más a gusto. Debo empezar diciéndote que la cocina es un área de libertad absoluta, así que debes tratarla como tal. En este espacio sagrado de tu hogar puedes hacer lo que quieras porque las únicas reglas fijas en cuanto a mezclar sabores, texturas y aromas las ponen tú y tu paladar.

El primer paso que todos debemos dar antes de empezar a crear suculentas recetas es asegurarnos de que la cocina está óptima para empezar a prepararlas. No hay nada peor que ir a la cocina para saciar un antojo y darte cuenta de que no tienes los ingredientes que necesitas para preparar lo que quieres. ¡No se lo deseo a nadie! Aparte de que luego terminas yendo con hambre al supermercado, compras más de lo que necesitas y pierdes valioso tiempo que no tienes. Por eso, cada día me gusta asegurarme de que mi cocina esté equipada al 100 por ciento, con todos los ingredientes necesarios.

Ahora, cuando hablo de equipar la cocina de casa para ti, me refiero a una sencilla pero necesaria lista de ingredientes y utensilios que debes tener a mano en todo momento para cocinar platos deliciosos y sin mucho esfuerzo. De esta manera evitarás quedarte con antojos. Y no te preocupes porque son fáciles de conseguir, muy útiles y, lo más importante, no son muy costosos.

lista básica de ingredientes

Aceite de oliva: Probablemente el ingrediente más esencial de esta lista. Le llamo el «todo en uno» de la cocina porque puedes aliñar, adobar, saltear, asar, freír y emulsionar, para nombrar algunas de las múltiples cosas que puedes hacer con él. Te recomiendo que lo compres en su versión extra virgen, o extra virgen orgánico, para obtener un mejor sabor y menos químicos.

Ajo: Esencial para dar un toquecito extra de sabor a las comidas. Puedes comprarlo fresco o ya picado en trocitos y envasado. Yo te recomiendo que lo compres siempre fresco. Si el ajo está sin pelar, debe guardarse fuera de la nevera, en cambio si está pelado, debe refrigerarse para que se conserve mejor.

Cebolla: Un ingrediente muy popular debido a su versatilidad y usos en diferentes platos. Siempre es bueno tener cebolla roja y amarilla en casa puesto que cada una nos brinda diferentes beneficios. La cebolla roja tiene un toque picosito cuando está cruda; sin embargo, cuando se cocina se suaviza un poco. Por eso, este tipo de cebolla en particular es muy usado en México para las salsas. En cambio, la cebolla amarilla carece de un sabor fuerte cuando está cruda, y una vez cocida, desprende un sabor muy suave. Esto la convierte en un ingrediente muy utilizado en Perú y Ecuador para los ceviches. Cuando la compres, asegúrate de que esté firme y, al igual que el ajo, sólo guárdala en la nevera si ya le has quitado la piel.

Chiles: De mis ingredientes favoritos en esta tierra: coloridos, aromáticos, con mucho sabor y ese picante característico que despierta tus sentidos. Desde chiquito me gusta el picante, por eso considero que el chile es necesario en cualquier cocina. Hay dos tipos de chile: el fresco y el seco. Los chiles frescos son de color brillante y piel lisa, mientras que los chiles frescos son aquellos que se dejan deshidratar y madurar por más tiempo, algo que los hace adquirir una piel arrugada y gusto distinto. Los más populares entre los chiles frescos son el chile serrano, el chile jalapeño y el chile piquín, que como su nombre lo indica es uno de los chiles más picantes que existen. En cuanto a los chiles secos, podemos encontrar el chile chipotle, el chile de árbol y el chile guajillo.

Debido a su sabor picosito, son ideales para añadir a sopas, salsas, guisos o para acompañar carnes. Pueden también ser muy picantes, así que úsalos con precaución.

Tomate: El ingrediente base de una infinidad de salsas, guisos e incluso bebidas, como el popular *Bloody Mary*. Lo puedes conseguir fresco o en lata. Cortado o ya hecho puré. El tomate fresco dura más cuando está refrigerado, sólo asegúrate de no dejarlo mucho tiempo en la nevera porque el frío aplaca su sabor.

Aguacate: Uno de mis ingredientes favoritos debido a su sabor neutro y cremosidad. Existen varios tipos de aguacate, siendo el Hass el más popular. A la hora de elegir, asegúrate de que la piel ceda al momento de presionarla suavemente con el dedo, para reconocer si está maduro. En el caso de que no lo esté, mantenlo fuera de la nevera para acelerar la maduración.

Hierbas aromáticas: Existe una gran cantidad de hierbas aromáticas; sin embargo, las esenciales que debes tener siempre a mano en casa son cilantro, perejil, albahaca, romero y orégano. Con el tiempo irás expandiendo la cantidad de hierbas aromáticas que desearás tener en casa, pero mientras llegas a ese punto, estas cinco serán suficientes:

- **Cilantro:** Se hará imprescindible en tu cocina por su utilidad a la hora de sazonar salsas, sopas y guisos. Los tallos suelen tener un sabor un poco más fuerte que las hojas, aunque en mi caso el cilantro me gusta tanto que uso ambos. Ten cuidado porque a veces puede venir un poco arenoso, así que lávalo bien antes de usarlo.

- **Perejil:** Cuando se trata de agregar un sabor fresco, el perejil de verdad que se luce. Puedes usarlo para cocinar o como aderezo en tus platillos. Su vibrante color le da pinceladas verdes a los platos, algo que sin duda ayuda a la hora de crear una bonita presentación.

- **Albahaca:** Ideal para repotenciar el sabor de ensaladas, aderezos y algunas salsas. Se junta muy bien con el tomate y queda de maravilla en sopas y guisos. Te recomiendo que sólo uses las hojas de la albahaca porque el tallo puede tener un sabor demasiado fuerte.

- **Romero:** Aromático, colorido y de potente sabor, el romero es una gran adición para los frijoles, el pollo y los estofados. Fíjate que las hojas no estén amarillas ni que se desprendan fácilmente. Si lo refrigeras, el romero puede durar de 3 a 5 días fresco.

■ **Orégano:** Una de las hierbas más versátiles en la cocina, puede ser utilizado para realzar el sabor de todo tipo de carnes. También se puede agregar fresco a las pastas y pizzas y, por si fuera poco, además da un toque especial a las sopas y caldos. Puedes agregar una ramita de orégano a una botella de aceite o vinagre para aromatizarlos, y luego utilizarlos para aderezar.

Páprika ahumada: Le dará un sabor más potente y ahumado a tus comidas. Se usa para adobar cortes de carne y también en sopas y consomés. La puedes encontrar en sabores dulces, agridulces y picantes aunque en realidad ninguna picante pica demasiado.

Sal: ¡Nunca puede faltar en casa! Será tu mejor aliada para repotenciar los sabores de tus comidas, pero debes usarla siempre con moderación. Agrega muy poco de ella y pasará desapercibida, pero si agregas demasiado arruinarás el sabor de cualquier plato. También el uso de la sal depende de tus papilas gustativas, y es que hay quienes prefieren los platos más salados que otros. Por eso, cada vez que veas el uso de sal en mis recetas, úsala a tu gusto al menos que diga una cantidad específica. Hay muchas variaciones, pero yo prefiero la sal marina, la sal kósher y la sal gris. Ten cuidado con la sal regular porque esta tiende a ser alta en yodo y tiene un final amargo.

Pimienta: Es la compañera más fiel de la sal y se usa principalmente para condimentar carnes, verduras, guisados y sopas. Es preferible comprarla en granos y triturarla con un molinillo o triturador justo en el momento en que se va a usar, para que mantenga su mejor sabor. Sin embargo, también puedes adquirirla ya molida para ahorrarte un poco de tiempo. Al igual que la sal, el uso de la pimienta depende mucho del gusto de quién esté cocinando. Por eso, cuando la veas en mis recetas, úsala a tu gusto al menos que la receta diga una cantidad específica.

utensilios de cocina

Ahora que ya tienes una idea de los ingredientes básicos que deben estar presentes en tu cocina, pasemos a explorar los utensilios que te ahorrarán tiempo y harán de tu vida en este espacio algo más fácil.

Procesador de alimentos: No hemos podido inventar la máquina del tiempo, pero un procesador es lo mejor que tendrás para ahorrar tiempo preparando alimentos. El procesador más básico te ayudará a cortar, mezclar y hacer puré de manera rápida y efectiva, así que debes hacerle un espacio en tu cocina.

Conjunto de cuchillos: Los mejores amigos de un chef en la cocina son sus cuchillos. Un buen conjunto puede ahorrarte tiempo y esfuerzo a la hora de preparar comida. No es necesario que tengas todas las variedades de cuchillos, con un buen cuchillo de chef (de unas 10 a 12 pulgadas de hoja) de acero forjado, un cuchillo de cocina (de unas 2,5 a 3 pulgadas) y un cuchillo de sierra (de unas 6 pulgadas), tendrás lo necesario para preparar una gran cantidad de recetas en casa. También te recomiendo invertir en una piedra para afilar cuchillos. Esta te ayudará a tenerlos siempre en estado óptimo para cocinar. Ojo: no afiles el cuchillo de sierra con esta piedra ya que le echarás a perder la hojilla.

Sartenes antiadherentes: Te recomiendo que inviertas un poco de dinero para comprar buenos sartenes. Es preferible que te duren por bastante tiempo y no estarlos cambiando constantemente. El sartén ideal debe tener una plancha de hierro gruesa, pesada y una buena capa antiadherente. No hay nada más frustrante que la *omelette* perfecta se te deshaga porque se quedó pegada en el sartén. El mango debería sentirse cómodo y es mejor si es a prueba de horno. Vale la pena tener de diferentes tamaños: uno pequeño ideal para comidas individuales, otro mediano y uno grande para cuando tengas visitas. Te recomiendo que te fijes en que estén libres de ácido perfluorooctanoico —o PFOA, por su siglas en inglés—, para garantizar una cocción más saludable para el organismo, ya que así se evita la ingesta de elementos dañinos para la salud. También debes acordarte siempre de usar cucharas de madera cuando cocines en ellos, para protegerlos.

Tabla para picar: Las hay de plástico y de madera y son esenciales para que puedas cortar carnes y vegetales. Si tu presupuesto lo permite, te recomiendo

que compres una de madera debido a que, si la cuidas bien, te durará toda la vida. Es importante tener dos tablas: una para cortes crudos de carne y otra para vegetales.

Ollas: No importa de qué tamaño sea tu cocina, debes guardar un espacio para las ollas. Al igual que los sartenes, conviene tener de diferentes tamaños, pero sin duda debes incluir una olla muy grande ya que esta te puede ahorrar tiempo cuando quieras cocinar grandes cantidades de comida.

Moldes para hornear: Hornear es una buena alternativa para cocinar más saludablemente y evitar frituras. Por eso estos moldes son necesarios en toda cocina. Los puedes utilizar para hornear galletas, pasteles e incluso pavos gigantes para el Día de Acción de Gracias.

Pinzas: Unas buenas pinzas pueden ahorrarte muchos errores y quemaduras. Te dan un mejor control a la hora de manejar los alimentos en la parrilla y, por su puesto, ¡te ayudarán a servir mis sabrosas recetas!

Cuchara y tenedor de madera: Luego de haber invertido en buenos sartenes y ollas, debes tener utensilios que no te los echen a perder. Por eso es importante tener cucharas y tenedores de madera: estos no son conductores de calor y además son delicados con tus sartenes y ollas.

Mortero: Uno de los utensilios que más me gusta de la cocina ya que es usado para extraer el sabor de una infinidad de ingredientes como el ajo, la albahaca y el aguacate, para mencionara algunos. Son muy fáciles y divertidos de usar y también se prestan para crear nuevas combinaciones y probar sabores.

Escurridor: Muy útiles para lavar frutas, vegetales y para escurrir pasta. Hoy en día se encuentran escurridores muy bonitos, así que también le darán un toque estético a tu cocina.

Rallador: Hay una gran variedad de ellos, adquiere el que más te guste. Debes asegurarte de que sea de buena calidad para que se mantenga afilado por bastante tiempo y puedas rallar sin esfuerzo desde quesos hasta chocolates.

Pelador: Este utensilio se ganará rápidamente tu cariño en la cocina. Procura uno que tenga un buen mango para que sea cómodo de sujetar. Te ahorrará tiempo, energía y frustraciones.

consejos para aprovechar al máximo el espacio de tu cocina

¡Haz de tu cocina un mundo! Es una de las frases que más digo en mi programa de televisión y a los chef de mis restaurantes. Se las digo para ayudarlos a apasionarse más por lo bello que es cocinar, y espero que tengan el mismo efecto contigo en casa.

Creo que todos desearíamos poder cocinar en una cocina grande, cómoda y con mucho espacio para movernos de lado a lado sin problemas. Y es que quién no ha soñado con esas cocinas increíbles que se ven en los programas de televisión donde todo aparece mágicamente listo: la nevera es un portal inmenso que puede enfriar cualquier cosa y los hornos son volcanes capaces de cocinar en minutos. En mi caso, desde niño siempre soñé con poder cocinar en una cocina así y fue una de las cosas que me motivaron a convertirme en chef.

Sin embargo, hoy en día tener una cocina espaciosa es un lujo más que una norma y tampoco es una necesidad para poder preparar platos excelentes de manera rápida y efectiva. Yo, de hecho, no tengo una cocina muy grande en casa, pero me las ingenié para hacer que se sienta más espaciosa y cómoda cuando cocino. El truco está en el orden y en incluir cosas que hagan de ella un lugar en el que te guste estar. Mi cocina es simple pero bonita, se ve sencilla pero tiene gran capacidad. Trato de poner colores que me gusten y que complementen todo en este espacio. Aunque esto te pueda parecer un detalle no muy necesario, a mí me ayuda a inspirarme a cocinar. Y replicar esto en tu casa te ayudará a sentirte como todo un chef en tu cocina.

He cocinado en diferentes tipos de cocina durante toda mi carrera y les puedo decir con seguridad que no importa el tamaño de donde se cocine. El único factor determinante que afectará el resultado de tus platillos es la pasión con la que los hagas. Así que prepárate para hacer de tu cocina, grande o pequeña, un lugar ameno donde podrán fluir de manera rápida los sabores, aromas y texturas. He aquí algunos consejos:

1. *Mantén tu cocina ordenada*: El orden debe estar presente en todo tipo de cocinas, pero sobre todo en las cocinas pequeñas, para no desaprovechar los espacios. Es muy importante que mantengas en un mismo lugar los utensilios que se usan juntos. Igualmente, te recomiendo que ordenes tu cocina

El único factor determinante que afectará el resultado de tus platillos es la pasión con la que los hagas.

por importancia, es decir, coloca al alcance de tu mano las cosas que más utilices y deja las que no guardadas en los gabinetes superiores. También puedes colocar los utensilios que más usas en las gavetas o gabinetes que estén más cerca del lavaplatos. De esta manera harás más eficiente el proceso de ordenar después de lavar.

2. *Etiqueta tus gavetas*: Si te la pasas constantemente haciendo mil cosas y estás falto de tiempo al igual que yo, este consejo te será muy útil. Etiquetar las gavetas te ahorrará valioso tiempo cuando tengas que buscar las cosas que necesites. Y además evitarás desordenar otras cosas, lo que te ayudará a mantener el orden en tu cocina. Yo, por lo general, etiqueto más que todo las gavetas donde guardo los ingredientes porque me ayuda a organizar más rápido la compra del mercado. Sin embargo, también conozco gente a la que le gusta etiquetar todo, así que más bien depende de tus necesidades.

3. *Cestas de almacenamiento*: Son una bendición pues te ayudan a maximizar el espacio en tu cocina atribuyendo un lugar determinado a alimentos que normalmente vienen sueltos. ¡Esto te ayuda a dar orden! Las puedes colocar en los entrepaños de las gavetas inferiores y te servirán para almacenar alimentos enlatados, cajas de pastas y cereales.

4. *No te olvides del espacio vertical*: Si no tienes espacio horizontal, hay que usar el vertical. Puedes colocar barras con ganchos en tus paredes que, además de ayudarte a aprovechar el espacio, también le darán un toque decorativo a tu cocina. Utiliza las barras para colocar accesorios extraíbles como el papel toalla y las pinzas. Y si buscas un poco más de comodidad, hoy en día puedes encontrar en cualquier ferretería lo que necesitas para crear sencillas repisas verticales. Estas te permitirán almacenar ollas y otros utensilios. De esta manera no tendrás que estarte agachando cada vez que quieras usar una olla. ¡Créanme que a la larga ayuda!

5. *Ordena en forma de torre*: Otra manera de utilizar el espacio vertical es almacenando tus platos y recipientes plásticos en forma de torre. No parece mucho, pero poco a poco los centímetros que te ahorras suman y te ayudan a tener tu cocina bien ordenada.

6. *Maximiza el gabinete*: Parte de hacer de tu cocina pequeña algo más espacioso es crear sitios para guardar accesorios donde nunca te imaginaste. Sácale un mayor provecho a los gabinetes usando la parte interna de las puertas para añadir un colgante de metal que te permitirá almacenar cosas pequeñas. Pero ¡ojo!, no pongas objetos de mucho peso porque podrías

dañar la puerta. A mí me gusta tener aquí lo que utilizo para sazonar las recetas, como sal, pimienta y un poquito de adobo. Así, cada vez que tengo que agregar algo, lo encuentro fácilmente.

7. *Almacena inteligentemente*: ¡Este tip hará maravillas por tu cocina! Muchos de los alimentos vienen en aparatosas cajas que quitan demasiado espacio. Existe una solución muy sencilla: antes de almacenarlos, deshazte de los empaques y coloca sólo la comida; si es necesario, colócalos dentro de una bolsa hermética para mantener la frescura. De esta manera no perderás espacio que necesitas con las cajas de los empaques, sino que lo usarás inteligentemente para que sólo sea ocupado por los alimentos. El té, los cereales y las pastas son ejemplos de alimentos que podrías guardar sin la caja del empaque. Sólo asegúrate de anotar en la bolsa donde vienen la fecha de caducidad de los mismos.

8. *Adquiere accesorios de múltiples usos*: Una manera muy inteligente de ganar centímetros en la cocina es comprando algunos de estos ingeniosos utensilios. Por ejemplo, una vajilla versátil que puedes usar para el diario y para las visitas te ahorrará bastante espacio. Puedes hacer lo mismo comprando sacacorchos y abrelatas multiusos. También puedes comprar una taza con diferentes tipos de medidas para que puedas medir todo lo que necesites. El mismo principio aplica para las cucharadas. Compra una que te permita hacer todas tu medidas con un solo utensilio, así ahorrarás valioso espacio.

9. *La nevera*: Utiliza cajas de plástico transparente para ordenarla y organiza sus secciones de acuerdo a los ingredientes que estés almacenando. Deja siempre la puerta para colocar recipientes altos como los de las bebidas y salsas. Te recomiendo también que coloques las carnes y los embutidos en la parte más baja de la nevera y dentro de un recipiente, para evitar que algo se derrame y que tu nevera termine hecha un desastre. Es importante que coloques las frutas y verduras dentro de los cajones de la misma para proteger sus hojas y sus pieles del frío. Por último, procura ordenar los ingredientes según su caducidad: los más prontos a vencer deben estar delante mientras que los que tienen más tiempo para consumirse pueden estar atrás.

10. *Decoración*: Otro truco para «agrandar» tu cocina y hacer que te sientas mejor en ella es utilizar colores neutros y lisos. Se sabe que estos, al igual que la luz natural, dan a los espacios reducidos la impresión de más amplitud. Si tu cocina es azul, tampoco se trata de que te pongas a redecorarla

por completo, pero sí trata de buscar la forma de crear un espacio de paz y calidez, un lugar donde te sientas a gusto durante las horas que te lleve preparar tus platillos preferidos.

Algunos consejos te funcionarán mejor que otros dependiendo de las características de tu cocina. No es necesario que los uses todos, lo importante es que vayas descubriendo cuáles funcionan y se adaptan mejor a tu estilo. Con el paso del tiempo te darás cuenta de que desarrollarás tus propios métodos para «ampliar» tu cocina y que estarás moviéndote a través de ella sin problemas, disfrutando de lo sabroso que es cocinar.

...la cocina es un área de libertad
absoluta, así que debes tratarla
como tal.

encaminándote a grandes sabores

A lo largo de mi carrera he cometido una infinidad de errores en la cocina, tanto así que si los listara todos en este libro no me alcanzarían las páginas. Claramente estoy exagerando, pero mi punto es que cualquiera, incluso lo más grandes chefs, cometen errores.

Recuerdo que en uno de mis primeros capítulos de televisión en vivo estaba terminando de sacar unos vegetales del horno mientras hablaba ante la cámara del rico aroma que estos emitían. En un descuido, apoyé la bandeja caliente sobre mi muñeca, lo cual ocasionó que me quemara. Sin embargo, para mantener el programa andando no exclamé ni un gemido de dolor y seguí cocinando como si nada. Siempre que recuerdo esto me causa risa, pero aprendí mi lección y espero no volver a cometer ese error. Otra historia graciosa que me ocurrió fue sacando unas bananas del horno. Sin querer, le puse más temperatura de la necesaria al horno, y cuando las saqué ¡eran carbones! Todos nos reímos en el programa y es que de esto se tratan la cocina y la televisión en vivo: de pasarla bien y divertirse. Así que cada vez que cometas un error piensa que 1) podría ser peor —podrías estar en un programa de televisión en vivo— y 2) ¡la ventaja de la cocina es que siempre se puede volver a empezar!

Si no has adivinado todavía, en esta sección te hablaré de todo lo que necesitas saber para llegar a grandes sabores. Empezaremos aprendiendo los errores más comunes, que incluso experimentados chefs cometen. Luego te llevaré de la mano para aprender las habilidades básicas que necesitas para manejar un cuchillo, las técnicas básicas de cocción y cómo desenvolverte a la hora de comprar ingredientes. Todo este recorrido te será muy útil para pasar el menor tiempo haciendo tareas de cocina, sin sacrificar el sabor y la calidad de tus recetas.

errores más comunes en la cocina

La mejor manera de quitarte el miedo o rechazo a la cocina es mentalizarte a que está bien cometer errores. ¡Todos los cometemos y de ellos aprendemos! Ahora, sí quiero ayudarte a que los cometas lo menos posible para que no pierdas tiempo rehaciendo recetas y platillos. Por eso he preparado una lista sobre los errores más comunes que ocurren en una cocina. Esto lo he recopilado de mi experiencia personal, tanto como chef como cliente en restaurantes e incluso en mi propia casa y en la televisión.

■ **No leer la receta completa:** Una receta no debe gobernarte en la cocina, pero sí debes prestar atención a ella para asegurarte de que no cometerás errores graves. Lo peor que te puede pasar es que, por el afán de cocinar rápido, te saltes un paso que afecte el resultado final. Luego te toca o hacerla otra vez —cuestión que te hace perder más tiempo— o comer algo no apetitoso ¡Y a nadie le gusta eso! Mis recetas te ayudarán a que tus platillos tengan el factor *¡wow!*, pero también siéntete libre de darle tu toque a cada uno. Sólo así irás desarrollando tu estilo en la cocina y aprenderás las combinaciones que más les gusten a ti y a tu familia.

■ **No probar los platos:** Aunque parezca mentira, uno de los errores más comunes entre las personas que cocinan en casa es no probar los platos. Esto es igual a ir manejando a ciegas porque no hay manera de saber cómo está quedando el platillo hasta que ya está en la mesa, y una vez ahí es muy tarde para corregir cualquier error. Afortunadamente, este es un error muy sencillo de corregir. Sólo debes probar la comida a medida que la vayas preparando. Mi recomendación es que lo hagas en varias partes de la elaboración para que puedas ir ajustando el sabor según tus gustos. En mi restaurante siempre le digo a mis cocineros que deben probar absolutamente todo porque no todos los tomates saben igual, no todas las sopas saben igual, incluso después de preparadas, las comidas cambian de sabor conforme pasan los días. ¡En una cocina se debe probar TODO constantemente!

- **No medir los ingredientes**: Por practicidad y conveniencia, muchas veces hacemos las cosas, como decimos en mi país, al ojo por ciento, lo que significa que calculamos con la mirada la cantidad de lo que colocamos en las recetas. Esto no tiene nada de malo si ya tienes cierta experiencia en la cocina. No obstante, si estás empezando a cocinar sí te recomiendo que te apegues a las cantidades que indica la receta. Sobre todo si te encuentras haciendo una receta de repostería, debes tomarte el tiempo para medir bien los ingredientes. Aquí en particular un error puede hacer que tu pastel no crezca o que quede con una textura no deseada. Además, en la cocina este pequeño error es el responsable de que las comidas no tengan un sabor vibrante y que pasen por sosas. O peor aún, que estés preparando comida para 4 personas y, por no medir la cantidad de ingredientes, alguien se quede sin comer. Esto sencillamente no puede pasar en ninguna cocina hispana, porque como dice el dicho: «Es mejor que sobre a que haga falta».

¡la ventaja de la cocina es que siempre se puede volver a empezar!

- **Usar productos de baja calidad**: ¡Nunca ha sido más cierto el dicho de que lo barato sale caro! Aquí vale la pena gastar un poquito más que comprar barato, así que ¡no te dejes engañar! Trata de conseguir siempre los mejores ingredientes en el supermercado. Estos deben estar en óptimas condiciones para que tus recetas tengan ese delicioso factor *¡wow!* Si sientes que un ingrediente no está bien para cocinar es mejor no utilizarlo para que no eche a perder el sabor de tu receta. Te sorprendería saber las cantidad de veces que veo un plato muy bonito y apetitoso, pero que en el momento de probarlo me doy cuenta de que los ingredientes que utilizaron no estaban en su punto, lo cual baja mucho la calidad de la receta. Te recomiendo que te tomes tu tiempo para elegir los ingredientes, de manera que cuando te toque cocinarlos estén en su punto y no pierdas tu tiempo haciendo varios viajes al supermercado. Recuerda que conforme un vegetal se despega de la mata, este empieza a deteriorarse y a perder sus cualidades y propiedades, así que mientras más fresco esté, mejor.

- **Cocinar todo a fuego alto**: Sea por falta de tiempo o por impaciencia, muchas personas tienden a cocinar todo con fuego alto, bajo la impresión de que mientras más alta la temperatura, más rápida la cocción de los alimentos. Sin embargo, cocinar a fuego alto es una técnica que debe ser usada para cosas que lo requieren, como es el caso de sellar cortes de carne, verduras y frutas. Ahora, el cocinar todo a fuego alto puede ser contraproducente. Entre las desventajas está que el fuego alto es bueno para cocinar las partes exteriores del alimento pero no el centro, lo que ocasiona que el ingrediente no quede cocido en su totalidad, sin mencionar que el fuego alto también incrementa la posibilidad de que los alimentos se queden pegados al sartén. Por estas razones, la próxima vez que tengas que cocinar, fíjate si la receta requiere de fuego alto.

- **Freír varios alimentos al mismo tiempo**: Es fácil caer en la tentación de llenar todo el espacio de la freidora para freír los alimentos porque pensamos que estamos ahorrando tiempo. Sin embargo, esto en realidad hace que los alimentos se tarden más en freír y hasta corres el riesgo de que algunos queden crudos o mal cocidos. También puede que estos no desarrollen una textura crocante en la parte de afuera, que siempre es lo que buscamos al freír. Recuerdo que hace tiempo, trabajando para un banquete, por falta de tiempo decidí llenar a tope la freidora para preparar calamares fritos. Esto bajó la temperatura del aceite y los calamares no quedaron con la textura adecuada. Así, aprendí por las malas que no se debe cometer este error. Al contrario de esto, te recomiendo que vayas friendo los alimentos en pequeñas cantidades. Esto ayudará a que los alimentos tengan la cocción adecuada y estarás usando más eficientemente el aceite y la freidora.

- **¡Cuidado con la sal!**: Otro de los errores más comunes en la cocina casera es no calcular bien la cantidad de sal que se pone a los platillos. Este punto es muy delicado porque la sal juega un factor importantísimo en el sabor de las comidas. Y es que la sal no se utiliza con el simple fin de «salar las comidas», la utilizamos para realzar o potenciar el sabor de nuestras recetas, por eso incluso en postres y recetas de pastelería también podemos encontrarla. Aquí lo recomendable es agregar sal en pequeñas cantidades, de manera que puedas ir ajustando a medida que vas cocinando. Es mucho más fácil arreglar un plato falto de sal que uno con exceso de la misma. Ahora bien, también hay maneras de salvar un plato en el cual se te fue la mano. En el caso de guisos, salsas o sopas, puedes agregar trozos de papa cruda con piel y esperar a que esta se cocine para retirarla. La papa absorberá el exceso de sal. Si le agregaste mucha sal a unos vegetales, siempre puedes retirarla colocándolos bajo un chorro de agua. Y en el caso de algunos aliños o vinagretas, prueba agregando un poquito de orégano. Un tip para ayudarte a controlar la sal que agregas a tus recetas es tratar siempre de añadir la sal desde arriba, colocando la mano a la altura de la cabeza. Esto hace que la sal se distribuya mejor por toda la superficie de los alimentos, para evitar tener unos bocados salados y otros bocados sin sal.

- **Pasarse del tiempo de cocción**: Hiciste todo a la perfección en la preparación de la receta y ahora todo se está cocinando. Te sientes bien, sabes que dentro de poco estarás disfrutando de un delicioso platillo. De pronto te distraes con el teléfono y se te olvida que ya debes apagar el fuego para que la comida quede en su punto espectacular y, así de fácil, esta distracción te costó todos tus esfuerzos. Evita este garrafal error sencillamente prestándole un poco de atención al tiempo. En los restaurantes usamos cronómetros con campanitas pero tú puedes usar tu celular, ya que hoy en día todos tienen cronómetro y alarma. Haz uso de esto para recordarte cuándo debes sacar la comida del calor. Te ahorrará mucho tiempo y decepciones.

- **No lavarse las manos**: Cada vez que vayas a manipular alimentos debes asegurarte de que tus manos estén limpias. Hago mucho énfasis en esto en mi restaurante, y es que las manos alojan muchos gérmenes que pueden fácilmente traspasarse a las comidas e incluso afectar la salud de quien los come. Así como un cirujano se lava las manos antes de operar a un paciente, tú también debes hacerlo en casa antes de cocinar.

- **No lavar los alimentos antes de consumirlos**: Al igual que las manos, debemos lavar bien todos los alimentos antes de consumirlos. Recuerda que muchos de ellos viajan largas distancias y son manipulados por mucha gente antes de llegar al supermercado. Todo este trato hace que los alimentos tengan gérmenes y pesticidas que no quieres que formen parte de tus comidas. Busca lavarlos antes de usarlos y no cuando los vayas a almacenar o guardar en el refrigerador, pues de hacerlo así, acortas la vida de muchos vegetales.

cómo picar ingredientes como una estrella

Los cuchillos son los mejores amigos de un chef en la cocina. Para mí no existe nada más relajante que el sonido de un cuchillo cortando ingredientes sobre una tabla de picar. De pequeño me gustaba ver a mi mamá picar ingredientes y escuchar los diferentes sonidos que estos hacían. Hay algo en el movimiento y la repetición constante que hace de esta actividad algo relajante y ¡hasta terapéutico!

Si bien debemos tenerle respeto a los cuchillos en la cocina, no debemos tenerles miedo. Con un poco de práctica estarás picando y rebanando ingredientes como un chef profesional. Ahora bien, es importante que trabajes a una velocidad en la cual te sientas a gusto. Es mejor tardar un poco de tiempo ahora y picar rápido después que sufrir una cortadura hoy que te haga perder el amor por la cocina más adelante.

Existe una gran variedad de cortes en la cocina. Está el famoso corte a la juliana (*julienne*) y en bastoncitos (*bâtonnet*), en cubos o dados (*paysanne*), a la campesina (*fermière*), circular (*rondelle*), cuadrado, oblicuo o cortes rodados. Sé que pueden parecer demasiados, pero para iniciarte en la cocina no necesitas saber todos ellos.

Lo primero que debes hacer es acostumbrarte a cortar todos los ingredientes sobre una tabla de picar. A veces por falta de tiempo te verás tentado a picar todo sobre alguna superficie plana de la cocina, de hecho me declaro culpable de ello. Sin embargo, esto puede dañar el cuchillo y hacer que pierdas más tiempo las próximas veces que piques, o peor aún, dañar el mueble de la cocina. Para evitar esto, siempre ten la tabla de picar limpia y a la mano.

Antes de comenzar a picar cualquier ingrediente debes lavarlo para asegurarte de que te estás deshaciendo de cualquier impureza que este pueda tener. Luego debes dejarlo secar (puedes envolverlo con papel absorbente para acelerar el proceso y ahorrar tiempo). No olvides este paso, porque si cortas algunas hierbas mientras están húmedas, estas pueden convertirse en una especie de puré, lo cual echaría a perder tus esfuerzos.

Para picar de manera segura y efectiva te recomiendo que siempre cortes los alimentos por la mitad, o que les hagas una rebanada para crear una superficie plana donde los apoyarás para evitar que rueden. Nadie quiere perder valioso tiempo buscando una cebolla que rodó desde la tabla de picar hasta debajo de la mesa del comedor.

Es importante colocar en forma de garra la mano que sujeta los ingredientes. Recuerda esconder las uñas y dejar que el cuchillo resbale sobre tus nudillos para cortar. Esto te permitirá tener un mejor control del cuchillo y te hará sentirte más seguro.

> De pequeño me gustaba ver a mi mamá picar ingredientes y escuchar los diferentes sonidos que estos hacían.

Aunque muchos ya sabrán esto, es importante recordar que el cuchillo para cortar se elige de acuerdo al ingrediente que se quiere picar. Evita cortar ingredientes pequeños con cuchillos muy grandes. Esto sólo te entorpecerá y te hará perder tiempo.

Otro punto muy importante a la hora de picar es el de no quitar los ojos de lo que se está cortando. Esto te será muy útil para mantener del mismo tamaño los pedazos que piques, lo cual es importantísimo para que cuando los vayas a cocinar queden uniformes. Es simple, si quieres cortar como toda una estrella, necesitas estar muy pendiente de lo que estás haciendo. Si puedes, evita distracciones como el celular y la televisión mientras estás picando algo, para que no ocurra una catástrofe en tu hogar. Siempre digo que la suma de los pequeños detalles bien hechos logra la perfección.

cocina con menos grasa sin que el sabor te delate

Vivimos en una época donde la tendencia es comer más saludable —no se trata sólo de comer platos suculentos, se trata de alimentarnos bien—. Un buen chef de casa no sólo debe cocinar delicioso y en poco tiempo, también debe saber cocinar disminuyendo grasas y calorías para mantener a la familia más sana. ¡Pero no te preocupes, no por eso hay que sacrificar el sabor! Hoy en día existen muchas maneras sencillas de reducir las calorías en nuestras recetas. Y lo mejor de todo: puedes hacerlo sin que nadie se dé cuenta.

Te confieso que en casa, mi familia no siempre comía de manera saludable. Mis padres son árabes, la cual es una ascendencia muy rica que ha moldeado hasta cierto punto la manera en que cocino y mezclo sabores. Y a pesar de que la comida árabe es, por lo general, muy sana, en casa nos gustaba mucho comer... ¿adivinen qué?: los platillos que más hacen engordar.

Durante mi infancia, no era raro para mí comenzar el día comiendo *falafel* o bolitas de garbanzo fritas. Luego podía almorzar *kibbeh* horneado con bastante mantequilla que preparaba mi madre y que todavía le queda delicioso, y para cenar comenzaba con unas berenjenas fritas y luego un sándwich con carne molida típico de la cocina armenia. Como puedes ver, no era una dieta muy balanceada y el problema no es cuando se come así de vez en cuando, sino cuando se abusa de una dieta no beneficiosa para el cuerpo durante un período de tiempo prolongado.

Fue por esta manera de comer que llegué a sufrir de sobrepeso en mi temprana adolescencia. Fue algo que me afectó en muchos aspectos de la vida, como en los deportes, la ropa que usaba y mi comportamiento frente a mis amigos No obstante, mi gusto nato por la comida me llevó a investigar un poco acerca de cómo comer mejor para lograr mantener mi cuerpo saludable. Poco a poco le fui tomando más cariño a la comida por toda la variedad de sabores, texturas y aromas que descubría, y fue esta curiosidad lo que rápidamente se transformó en vocación, y así decidí aventarme al mundo culinario.

Cuando empecé mis estudios en cocina, rápidamente me di cuenta de que había muchas maneras de cocinar comida saludable sin sacrificar el sabor. Esto me vino muy bien ya que me ayudó a volver a mi peso ideal. Durante esa época me aficioné a deportes como el tenis y el karate, y una buena alimentación me ayudaba a mantenerme óptimo para las competencias. A medida que fui aprendiendo más y más de la cocina, fui introduciendo en mi casa recetas más balanceadas. Al poco tiempo cambié los hábitos de alimentación de mi familia ¡sin que lo notaran mucho! Y tú en casa también puedes hacerlo siguiendo estos puntos clave:

- Una manera rápida y fácil de ahorrar calorías en tus comidas es deshaciéndote de la grasa que está a simple viste en los cortes de carne. Toma un cuchillo afilado y con cuidado separa la carne magra de la grasa. Si estás comiendo pollo o pavo, asegúrate de retirar la piel antes de cocinar.

- Otra técnica que puedes aplicar es utilizar especias frescas para sazonar los alimentos. Las especias son bajas en contenido calórico; sin embargo, dan mucho sabor a la comida sin tanto esfuerzo ni tiempo. Nadie extrañará la grasa de una buena pechuga de pollo o pedazo de carne si están bien sazonados.

- Para dorar pollo, carne o pescado sin tantas calorías, debes sazonar la pieza con aceite de oliva, sal y pimienta en un plato hondo antes de cocinarla.

> Siempre digo que la suma de los pequeños detalles bien hechos logra la perfección.

Luego de que la hayas sazonado uniformemente, puedes llevarla al sartén. De esta manera estarás consiguiendo que el exceso de aceite quede en el plato y no en el sartén, donde es absorbido nuevamente por la comida. Es una técnica sencilla que te ayudará a mantener la balanza de peso donde quieres.

■ Para reducir calorías también debes saber utilizar agentes espesantes más saludables. Los agentes espesantes son ingredientes que se añaden para aumentar la densidad sin tener mucho impacto en el sabor. Los hay a base de almidones, como la harina, y a base de proteína, como la yema de huevo. Los agentes espesantes pueden ser muy importantes en ciertas recetas como salsas, guisos y purés, y si son usados correctamente mejoran considerablemente la presentación y textura de la comida. Verdaderamente pueden ayudar a que tus platillos tenga el factor ¡wow! Sin embargo, algunos de ellos como la *beurre manié* (harina con mantequilla) y la crema de leche pueden aportar demasiadas calorías. Una alternativa para sustituir la mantequilla como espesante es usando fécula de maíz para salsas, guisos y sopas. Tiene mucha menos grasa que la mantequilla, lo cual te permite ahorrar calorías, y funciona bien para espesar. Otra manera de utilizar espesantes más sanamente es sustituyendo la harina por avena licuada. La avena tiene más fibra y proteína que la harina, lo cual te ayudará a saciar el hambre por más tiempo.

■ Más adelante me extenderé un poco acerca de las diferentes maneras de cocinar los alimentos, pero de antemano te digo que para mantener tus recetas más saludables debes optar por cocinar a la parrilla, al vapor o al horno en vez de freír los alimentos en un sartén. Un pollo rostizado o un pescado al horno pueden ser tan deliciosos como sus alternativas fritas. No te engañes, toda comida queda bien a la parrilla. Cuando digo esto no me refiero a las parrillas que tenemos afuera de casa con carbón o gas, me refiero al método de cocción que involucra una fuente de calor alta debajo de los alimentos, lo cual hace que estos queden tostaditos en los bordes. Lo único que debemos observar aquí es no utilizar fuego muy alto ya que podríamos cocinar demasiado el alimento por fuera y dejarlo crudo por dentro.

diferentes maneras de cocinar

La cocina, más allá de seguir una receta, es un arte y una filosofía. Y como todo arte, hay muchas maneras de hacerlo. Mientras más te aventures, más irás sintiéndote capaz de cocinar platillos que dejen a todos con la boca abierta. Ahora, cuando te hablo de diferentes maneras de cocinar, te estoy hablando de las diferentes técnicas utilizadas para llevar los alimentos de crudos a cocidos. Explorémoslos a continuación.

■ **Cocción a presión:** Si eres de los que cocina para dos o tres días seguidos, este método es para ti. Cocinar a presión te permitirá preparar grandes cantidades de comida de manera rápida, sana y efectiva. Aquí, como dice mi madre, vale la pena mencionar lo obvio: lo primero que debes tener en la cocina para usar esta técnica es una olla a presión. Este útil utensilio hace que la temperatura de ebullición aumente por encima de los 100°C o 212°F, causando que la presión adentro de ella suba, haciéndola más alta que la presión atmosférica. Es por esta alta presión y temperatura que los alimentos se cocinan de manera más rápida.

Debido a su poder, una olla a presión es ideal para cocinar granos, verduras y carnes de contextura fibrosa y con grasa. A mí particularmente me parece muy interesante porque te permite transformar un corte duro y económico de carne ¡en un platillo espectacular! Las altas temperaturas aflojan las fibras de la carne y hacen que la grasa se derrita, lo que da un toque de delicia a toda la olla. Y por si fuera poco, casi siempre acorta el tiempo de cocción ¡a la mitad!, como demuestra mi fórmula abajo:

Corte de carne fibroso + vegetales + olla regular: 3 horas
Corte de carne fibroso + vegetales + olla a presión: 1 hora y media

Ahora bien, hay que tener ciertas cosas en mente al momento de cocinar con una olla a presión. Lo primero que debes tener en cuenta es el tiempo: unos minutos de más a estas extremas temperaturas puede ser lo que diferencie un platillo con factor *iwow!* de uno no muy apetitoso. Todo dependerá del tiempo que te indique la receta.

Además, siempre que utilices la olla a presión recuerda que como máximo sólo debes llenar ⅔ partes de su capacidad. También, es importante poner la olla en una estufa que sea del mismo tamaño o más pequeña. Y si vas a guisar verduras, llena la olla sólo hasta la mitad, ya que estas se hinchan adentro de la olla y podrían obstruir la salida de vapor. Si quieres ahorrar energía y dinero, baja el fuego cuando el indicativo de la olla alcance el punto máximo. Esto no afectará tu comida, pero sí lo notará tu bolsillo a la larga en las cuentas de gas y electricidad.

■ **Cocción al grill o parrilla:** ¡Es ideal para la gente que vive en constante apuro como yo! Muy popular para cocinar cortes de carne roja y blanca debido a su rapidez y conveniencia. Se utiliza una plancha de metal o parrilla sobre una fuente de calor consistente como carbón, fuego o un estufa eléctrica. Este método de cocción requiere de muy poca preparación puesto que sólo debes untar el alimento con aceite para que no se pegue a la superficie donde cocinas. También, además de ser rápido, es uno de los métodos más sanos para cocinar ya que no agrega calorías extra, como se hace cuando se fríen las cosas. Es importante saber que el sabor se lo pones tú adobando las carnes con lo que más te guste, como sal, pimienta o hierbas aromáticas. Y si estás muy corto de tiempo, te recomiendo que cortes las proteínas a lo largo, de manera que queden muy finitas para que se cocinen más rápido. Con esta técnica, fácilmente podrás cocinar cuatro pechugas de pollo finitas en lo que te habría tomado cocinar una. Aparte, al rebanar las proteínas en rebanadas finitas también estás ayudando a que estas queden tostaditas, un detalle que le aportará una textura muy apetitosa a tus platillos.

■ **Cocción lenta en olla:** Al contrario de la olla de presión, la olla de cocción lenta está diseñada para cocinar a muy baja temperatura por períodos prolongados de tiempo, usualmente entre 4 y 12 horas. Este tipo de ollas tiene un dispositivo que genera calor mediante la electricidad, lo que permite controlar la temperatura de manera sorprendente.

La olla de cocción lenta es ideal para hacer guisos, salsas e incluso carne. Lo mejor de esta olla es que te puede ahorrar trabajo en la cocina debido a que no tienes que preparar demasiado los alimentos antes de cocinarlos. Sólo es cuestión de agregarlos —picaditos si son vegetales— ¡y listo!

Este utensilio es sumamente popular en los Estados Unidos porque no hay que estar supervisándolo. Cocina los alimentos a temperaturas bajas, aproximadamente entre los 158°F y los 194°F, lo cual hace que no haya que estar revisando el agua porque esta no se evapora. Muchas personas la ponen a cocinar antes de salir al trabajo para luego llegar a casa, apagarla

La cocina, más allá de seguir una receta, es un arte y una filosofía.

y disfrutar de una gustosa cena. Si quieres hacer esto, siempre es bueno tenerla en un lugar donde no tengas muchas cosas alrededor, como lo harías con cualquier artefacto que emite calor.

Otra ventaja de este método de cocción lenta es que una porción del tejido de la carne se gelatiniza y forma parte del líquido del estofado, lo que garantiza un sabor más potente. Debido a que su período de cocción es prolongado, esta olla hace maravillas a la textura de la carne. Fácilmente puedes hacer de un corte económico un platillo de clase mundial, que se deshaga como mantequilla en la boca. ¡Aquí, la paciencia es clave!

■ **Cocción al vapor**: ¡Uno de los métodos más fascinantes de la cocina! Tal y como su nombre lo indica, consiste en cocer el alimento con el vapor que genera un líquido en ebullición o, en palabras más comunes, un líquido hirviendo. Para realizar este método de manera fácil y rápida, existen unas ollas especiales con hervidor doble cuya parte superior tiene agujeros grandes que dejan que pase el vapor para cocinar. Aquí debes prestar especial atención a no cocinar con demasiado vapor ni dejar que los ingredientes entren en contacto con el agua para que no afectes la textura de los mismos pues a nadie le gusta comer vegetales o carnes aguadas.

Una de las cosas que más me gusta de este método de cocción es que es extremadamente sano y, cuando se hace bien, las carnes blandas como el pescado, prácticamente se deshacen en tu boca. Con este método de cocción damos sabor por medio de salsas y vinagretas ya que no es necesario agregar nada a los alimentos para que se cocinen.

Otra manera un poco más sutil de dar sabor a los alimentos es aliñando el líquido de la cocción con especias y hierbas aromáticas para que cuando este se evapore, entre en contacto con nuestra comida dándole un toque mágico. Por ejemplo, acostumbro preparar un pescado al vapor con vino blanco para darle un toque más de sabor a este platillo. Luego de cocinar el pescado al vapor con el vino, lo reduzco para utilizar el mismo como una salsa. Por último, este método de cocción, aparte de no añadir calorías, ayuda a preservar las vitaminas y nutrientes de los alimentos, lo que lo convierte en uno muy útil y nutritivo. Además, es uno de los métodos de cocción que más se utiliza en dietas para bajar de peso, pues los alimentos se cocinan sin necesidad de añadir calorías extra y no pierden su sabor.

■ **Freír**: Los pecados más deliciosos de la cocina son los alimentos fritos. Este método da a las comidas esa textura crocante que nos encanta; sin embargo aporta muchas calorías a los alimentos mientras se cocinan. Freír es uno de los métodos más fáciles y rápidos para cocinar aunque, si te descuidas, podrías cometer errores que pueden echar a perder el alimento y, con él, hacerte perder tiempo.

Lo primero que debes saber es que hay dos maneras de freír los alimentos: Puedes sumergirlos completos en aceite, mejor conocido como *deep fry*, o puedes tener los alimentos semi-sumergidos en aceite y poco a poco darles vuelta para que se cocinen. Este último se denomina *pan fried*. El estilo que utilizarás depende de la receta, aunque por lo general freirás más los alimentos en el sartén.

Lo que te explico a continuación tiene que ver con el método *deep fry*. Antes de cocinar con este método cualquier ingrediente, te recomiendo que te equipes con un termómetro de cocina ya que la temperatura es muy importante. Un termómetro te permitirá asegurarte en todo momento de la temperatura del aceite para que puedas cocinar de forma óptima y segura. Lo ideal es freír en aceite que esté a una temperatura de 375°F. Un aceite que no está lo suficientemente caliente hará que el alimento absorba más grasa de lo que debe para cocinarse correctamente, y esto luego resulta en una textura poco apetitosa. Se recomienda utilizar aceites con bastante tolerancia al calor, como el aceite de maíz, el aceite de canola o el aceite de coco, siendo este último la opción más saludable de las tres.

Cuando vayas a freír algún alimento, asegúrate de que esté picado en trozos finitos para que quede bien cocido. Si fríes alimentos muy grandes, puedes correr el riesgo de que te queden crujientes por fuera pero crudos por dentro. De la misma manera, si cortas un alimento en trozos demasiado pequeños o delgados, correrás el riesgo de que se te cocinen demasiado. Una de las cosas que vas a notar cuando empieces a freír alimentos es el burbujeo

en el aceite que es producido por el agua que se evapora de los alimentos. Es esta rápida desecación de la superficie de la comida lo que hace que se forme la deliciosa costra de textura crocante que tanto apetecemos. Una buena manera de darte cuenta de si los alimentos que freíste te quedaron de clase mundial es ver su color. Un ingrediente frito que tenga el factor ¡wow! deberá siempre verse opaco, nunca brillante. Si se ve brillante, ¡metiste la pata! Probablemente el alimento haya absorbido mucho aceite y su textura no será la adecuada. Revisa la temperatura del aceite y empieza de nuevo.

Si estás cuidando calorías, te recomiendo que hagas lo que yo siempre hago en casa. Después de freír los alimentos, les quito el exceso de aceite con hojas de papel toalla. Esto no quiere decir que el alimento quedará propiamente «bajo en calorías», pero sí contribuirá a una alimentación más saludable.

■ **Cocción al horno**: El horno es uno de los aparatos de cocina que te dará más satisfacciones como chef. Básicamente hay dos maneras muy diferentes de utilizarlo: para asar o para gratinar. Para asar alimentos utilizaremos el horno por un tiempo prolongado y a una temperatura promedio de unos 375˚F. Esta cocción lenta te recompensará con un sabor espectacular que no puede obtenerse de ninguna otra manera. El calor seco del horno hace que las carnes se sellen rápidamente, dejando los jugos de las mismas atrapados en su interior. El resultado final es verdaderamente una utopía en tu boca, con una carne doradita por fuera y jugosa por dentro.

Por lo general, se hacen al horno cortes de carne grandes como costillas, piernas de cordero, pavos enteros, etcétera. Lo ideal es empezar a cocinar con una temperatura adecuada para sellar la carne, por lo general 400˚F, y luego ir bajándola para garantizar que se cocine bien el centro. Cuando se trata de asar alimentos, te recomiendo que dediques suficiente tiempo a la

cocina para que no cometas errores por apuro o falta de tiempo. Si bien en la olla de cocción lenta puedes meter los alimentos y olvidarte por varias horas, en el caso del horno es importante estar siempre pendiente.

El segundo uso para tu horno es el de gratinar platillos. Este se diferencia mucho del primer uso debido a que se trata de cocinar los alimentos con altas temperaturas y de manera rápida. Aquí lo que buscamos es formar una capa dorada en la parte exterior de los alimentos, cocinando a altas temperaturas mantequilla, queso, pan rallado y salsas. Las temperaturas comunes a la hora de gratinar alimentos están entre los 400°F y los 500°F. Igual que con la olla a presión, aquí es importante prestar especial atención al tiempo para que no cocines de más tu platillo.

Cocinar bien al gratín es un arma muy interesante que tiene cualquier chef en casa, y es que la textura de los alimentos queda tan deliciosa que puedes conseguir negociar favores con tu familia para otras tareas hogareñas. ¡Mi mamá siempre nos hacía pasta al gratín cuando quería que la ayudáramos con algo de la casa!

■ **Pochar o escalfar**: Este es un método de cocción delicado que toma un poco de paciencia y práctica, pero que sin duda vale la pena aprender. Consiste en cocer lentamente los alimentos sumergiéndolos en líquidos que se encuentran por debajo del punto de ebullición. Digo líquidos porque no necesariamente tiene que ser agua, también puedes utilizar líquidos aromatizados con hierbas y especias, vino, jugo de frutas o una combinación de ellos. Todos ellos aportarán sabor a la hora de escalfar.

Los alimentos que mejor se prestan para este método de cocción son los pescados, como el salmón y el mero, cualquier tipo de ave y, en cuanto a carnes, se prefieren los cortes finos. También funciona muy bien para preparar huevos, como en el caso de la deliciosa receta de los huevos benedictinos. Escalfar los huevos da a los mismos una textura delicada que resalta en cada bocado. Además, da un aspecto muy peculiar al huevo, lo que ayuda en la presentación del plato. Por estas razones, este método es una de mis maneras preferidas para cocinarlo.

Para pochar un alimento debes colocar en una olla, acorde al tamaño del alimento, el ingrediente que quieras cocinar, y debes sumergir el alimento por completo en el líquido de tu preferencia.

La temperatura del líquido es la clave del pochado o escalfado, y para asegurarte de que lo estás haciendo bien te recomiendo usar un termómetro de cocina y mantener la temperatura entre 176°F y 185°F. Lo más importante es evitar a toda costa que hierva. Para pochar piezas enteras de pescado, aves o carnes, el líquido inicialmente debe estar frío y después se lleva a la temperatura mencionada anteriormente. Ahora, si las piezas que se van a pochar ya están picadas, el líquido debe estar ya en la temperatura deseada antes de introducir el ingrediente.

Cada alimento tiene un tiempo de cocción diferente, pero las carnes rojas son las que más demoran. Por lo general, debes calcular 1 hora de cocción por cada 2 libras. Para los pescados, debes cocinar cada 2 libras del mismo por 15 minutos. En cuanto a frutas y vegetales, lo ideal es dejarlos entre 8 y 10 minutos. Y, por último, los huevos se pueden cocinar en tan sólo 4 minutos, lo cual los hace un buen primer ingrediente para practicar este método.

Si pones cuidado y utilizas el termómetro, estarás escalfando alimentos y creando platillos que tengan el factor *¡wow!* ¡en muy poco tiempo!

> No se puede pretender preparar un platillo delicioso cuando los ingredientes utilizados no son óptimos.

cómo comprar como un chef

Cocinar como una estrella depende mucho de los ingredientes que se tienen a disposición. Que una comida te caiga o no pesada depende de la frescura de los ingredientes. Y es que estos juegan un factor importantísimo a la hora de preparar cualquier tipo de receta. No se puede pretender preparar un platillo delicioso cuando los ingredientes utilizados no son óptimos. Es como construir un edificio con bloques defectuosos; sencillamente no prosperará.

Usualmente, me gusta utilizar frutas y vegetales frescos en vez de alimentos congelados o enlatados. Existen varias razones para esto y es que los alimentos frescos tienden a tener un sabor más puro que los congelados. También es importante decir que habrá veces en que por razones de tiempo te convendrá cocinar con alimentos enlatados o congelados, lo importante es que siempre los utilices balanceadamente.

Afortunadamente, hoy en día hay ingredientes de altísima calidad al alcance de todos. Sólo es necesario aprender ciertas cosas que te ayudarán a afinar el ojo para saber reconocerlos. Te llevará un poco de tiempo, pero cuando menos te lo imagines, estarás eligiendo los mejores ingredientes del supermercado sin ni siquiera pensarlo, dándote así las mejores chances de preparar comida deliciosa en casa.

cómo elegir frutas y vegetales frescos

¡Saber cómo elegirlos te ahorrará una infinidad de tiempo! Yo particularmente soy de los que piensa que los vegetales y frutas frescos son y siempre han sido la clave para mantener el cuerpo sano y libre de enfermedades. Cada vez más podemos encontrar artículos acerca del efecto positivo que tiene en nuestro organismo consumirlos. He leído historias interesantísimas de personas que tratan enfermedades sólo con frutas y verduras frescas, y es que estas tienen una gran cantidad de vitaminas y minerales que ayudan al cuerpo de manera asombrosa.

Al momento de elegir vegetales y frutas frescos debemos asegurarnos de que estén firmes. Para hacer esto simplemente debemos tomarlos y apretarlos levemente para ver si la piel presenta cierta resistencia o si los encuentras aguados. La firmeza de cada ingrediente fresco variará según el tipo de fruta o vegetal que sea. No podemos esperar que un coco esté igual de firme que un durazno, pero sí debemos cerciorarnos de que no estén aguados.

Lo segundo que debes tener en cuenta al elegir ingredientes frescos es su tiempo de maduración. Hay frutas y verduras, como el plátano y el mango, que caducan rápido; por lo tanto, si no los vas a usar en los próximos días es mejor comprarlos «verdecitos», como dirían en mi país, o en otras palabras, no tan maduros.

Otro punto muy importante es el color de los alimentos. Este te ayudará a elegirlos. Como siempre digo en mis programas, en la cocina hay que usar todos los sentidos, así que observa cuidadosamente el color de los alimentos a la hora de comprarlos. Revísalos para ver si están golpeados o maltratados. Si puedes, también busca probarlos. ¡Ojo! No te estoy diciendo que muerdas una manzana y luego la abandones ahí en el estante para ver si estaba en su punto. Me refiero a que muchas veces encontrarás que los supermercados te ofrecen probar la mercancía sin compromiso, así que te recomiendo que busques ese tipo de supermercados pues te terminarán ahorrando tiempo y dinero.

El olor también es muy importante. Cuando estos ingredientes estén en su punto de maduración, podrás apreciar su aroma a través de la piel o la cáscara. Esto ocurre sobre todo con las frutas porque tienden a ser más aromáticas que los vegetales, así que no tengas una nariz tímida.

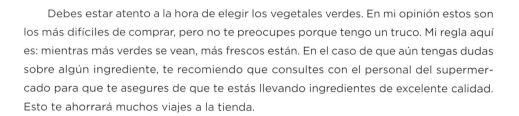

Debes estar atento a la hora de elegir los vegetales verdes. En mi opinión estos son los más difíciles de comprar, pero no te preocupes porque tengo un truco. Mi regla aquí es: mientras más verdes se vean, más frescos están. En el caso de que aún tengas dudas sobre algún ingrediente, te recomiendo que consultes con el personal del supermercado para que te asegures de que te estás llevando ingredientes de excelente calidad. Esto te ahorrará muchos viajes a la tienda.

frutas y vegetales según la temporada

Aunque hoy en día podemos conseguir una gran variedad de frutas y verduras en cualquier supermercado sin importar la temporada, vale la pena saber un poco acerca de las mejores épocas para comprar ciertos ingredientes. ¡Tranquilo, que no te voy a hacer estudiar las temporadas de cada alimento! Sería un reto muy difícil puesto que cada región tiene una época particular para cada uno. El mundo es muy extenso y los alimentos de temporada varían según clima, país y altura de la región; por eso sería imposible que alguien lo aprendiera de memoria. Sin embargo, sí quiero que te enteres un poco de lo importante que es saber qué está en temporada dependiendo de donde estés, para que puedas comer más sano y, por supuesto, ahorrar dinero.

Un dato curioso con el que quiero comenzar es que la naturaleza es increíblemente sabia y nos ofrece en cada estación el alimento más adecuado. Por ejemplo, la vitamina C es vital para los fuertes fríos del invierno y por eso es común que en la mayoría de lugares la naturaleza nos ofrezca alimentos como naranjas, mandarinas y kiwis, por mencionar algunos. Todos estos tienen un gran contenido de vitamina C, vital para combatir resfriados. En verano, cuando necesitamos proteger la piel y beber más agua, algunas de las frutas y vegetales que la naturaleza nos provee son sandías, melones y pepinos. Todas tienen altísimos niveles de agua y de betacarotenos, esenciales para proteger la piel. Esto nos sirve para entender por qué algunas frutas se dan mejor en ciertas temporadas y condiciones y otras no.

Es importante que sepas que cuando te encuentras una fruta o vegetal que no está en temporada en el mercado, es porque esta fue cultivada bajo condiciones no naturales con ayuda de sustancias químicas para lograr su maduración, o porque este alimento ha viajado un largo camino para poder llegar a tu mesa. Ambas razones afectan directamente el valor nutricional de la fruta o vegetal, por lo cual tú y tu familia se beneficiarían más de los alimentos en temporada. Sin mencionar que todo el costo relacionado con el transporte del alimento se traslada al comprador, lo que afecta también tu bolsillo.

Otra razón para comprar alimentos en temporada es que estos tienen un mejor sabor porque son frescos y se cosechan justo al madurarse —ahora ya sabes la importancia que estos tienen para que tus platos tengan ese factor ¡wow!—. Por otro lado, cuando compras frutas y verduras en temporada puedes aventurarte a probar alimentos que normalmente no comprarías por su precio. Al estar en temporada, estos no saldrían tan costosos ya que se producen en grandes cantidades, y si terminan no gustándote, al menos no gastaste mucho en ellos. Este punto me encanta porque te ayuda a probar algo nuevo que quizás te inspire a crear una receta espectacular en casa.

A la vez, comprar alimentos en temporada sirve para apoyar a los mercados agrícolas o, como los llaman aquí, *farmers' markets*. Yo en lo personal disfruto mucho comprando a productores locales porque es una buena manera de asegurarme de que el producto está fresco ya que no tuvo que recorrer grandes distancias. Además, la gente siempre es muy simpática y puedes intercambiar uno que otro truco de cocina.

> Vale la pena saber un poco acerca de las mejores épocas para comprar ciertos ingredientes.

En cuanto a cómo enterarte de qué alimentos están en temporada, te tengo buenas noticias porque hay varias maneras de saberlo. Lo primero que puedes hacer es revisar en internet. La web está llena de calendarios de frutas y vegetales según la temporada y el sitio donde te encuentres. Chequea estos calendarios cuando te estés programando para hacer tu menú de la semana, así sabrás qué ingredientes están en temporada, para que cocines algo delicioso en casa.

Si no eres de los que les gusta navegar en internet, no te preocupes. Muchas veces los mismos supermercados señalan qué frutas y verduras están en temporada porque a ellos también les interesa venderlas velozmente para dar paso a las siguientes. Y si sigues con la duda, no temas en preguntar a algún empleado del establecimiento, ellos están capacitados para decirte qué alimentos están en temporada. Así que la próxima vez que vayas de compras para tu cocina, asegúrate de llevar algún ingrediente de temporada. ¡Es el comienzo de una receta deliciosa!

comprando frutas y vegetales orgánicos

En los últimos años, ha venido creciendo un movimiento que tiene como misión hacer del cuerpo algo más sano y, con esto, ha incrementando la penetración y distribución de la comida orgánica.

Para los que no saben, las frutas y vegetales orgánicos son aquellos que en ninguna etapa de su producción han sido intervenidos por fertilizantes o pesticiditas en los suelos donde son cultivados. Básicamente, al comer orgánico estás comiendo alimentos 100 por ciento naturales, lo cual significa que estás ingiriendo 100 por ciento comida nutritiva sin ningún rastro de químico o pesticida que pueda afectar tu salud a largo plazo.

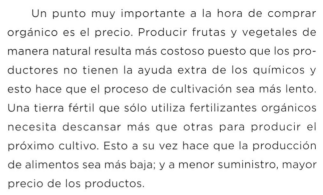

Hay que ser más inteligente a la hora de comprar productos orgánicos para mantenerte en tu presupuesto.

Un punto muy importante a la hora de comprar orgánico es el precio. Producir frutas y vegetales de manera natural resulta más costoso puesto que los productores no tienen la ayuda extra de los químicos y esto hace que el proceso de cultivación sea más lento. Una tierra fértil que sólo utiliza fertilizantes orgánicos necesita descansar más que otras para producir el próximo cultivo. Esto a su vez hace que la producción de alimentos sea más baja; y a menor suministro, mayor precio de los productos.

¡Ojo! Esto no significa que no estén al alcance de todos. Sólo quiere decir que hay que ser más inteligente a la hora de comprar productos orgánicos para mantenerte en tu presupuesto. Lo primero que debes hacer para comprar orgánico a un precio más económico es ubicar mercados locales o los famosos *farmers' markets*. Esto lo puedes hacer de manera fácil consultando el internet. Los precios aquí son mejores que en las grandes cadenas puesto que reducen los intermediarios y estás prácticamente comprando de la fuente.

Otro tip para mantenerte en tu presupuesto es elegir bien las frutas y vegetales orgánicos que deseas comprar. Yo por lo general compro frutas y vegetales orgánicos que están en la lista de los alimentos más tóxicos publicada por el Departamento de Agricultura de los Estados Unidos. Al comprarlos orgánicos, te aseguras de que no tienen pesticidas ni químicos dañinos para la salud. Entre estos encontramos:

- El apio
- El melocotón
- La fresa
- El arándano azul (*blueberry*)
- La manzana
- El durazno

- El pimiento
- La espinaca
- La cereza
- La col rizada
- La papa
- La uva

La razones por la cuales estos ingredientes tienden a ser más propensos a retener pesticidas y químicos es porque la mayoría retiene grandes porcentajes de agua, y con el agua, los químicos dañinos. La segunda explicación es que sus pieles están hechas para absorber el agua con mayor facilidad, lo cual causa que absorban también los pesticidas. Te recomiendo que como chef inviertas un poco más de dinero en ellos y los compres orgánicos.

Ahora, para que puedas mantenerte en presupuesto también te comparto las frutas y vegetales que puedes comprar en sus versiones no orgánicas. Todas estas tienen en común que no absorben con facilidad los pesticidas. Aquí encontramos:

- La cebolla
- El aguacate
- El maíz amarillo
- La piña
- El mango
- Los petipuás (o guisantes pequeños)

- El kiwi
- El repollo
- La berenjena
- El melón
- La sandía
- El espárrago

Como puedes ver, tienes bastantes opciones para hacer una compra variada y no gastar demasiado. Sin embargo, si eres de los que quiere consumir todo orgánico y por un buen precio, podrías convertirte en tu propio productor de alimentos orgánicos. No importa si vives en una casa o apartamento, si este es chico o grande, puedes cultivar en casa el alimento o los alimentos que más te gusten para luego comerlos. Te cuento que yo en la mía produzco cerca de 15 variedades de chile y es que es uno de mis ingredientes favoritos, así que decidí dejar de comprarlo en el supermercado y empecé a producirlo yo mismo. La verdad es que es muy fácil de cultivar, sólo necesitas una maceta, tierra o fertilizante y averiguar un poco en internet sobre cómo cultivar tu alimento favorito. La mayoría requiere de muy poco cuidado, con que los riegues de una a dos veces por día habrás hecho lo necesario para que florezcan. Y lo mejor de todo: ¡no tienes que pagar por ellos una vez que los empieces a producir!

cómo elegir carnes y pescado frescos

Los cortes de carne tienden a ser los protagonistas de los platillos fuertes. Los «carnívoros» como yo sabemos que son la diferencia entre una buena comida y una comida sin encanto. Es más, hay algunos países que son reconocidos a nivel mundial por tener las mejores carnes. Por ejemplo: Argentina es muy conocida por la calidad de su carne de res, Perú por sus pescados y mariscos y España por sus jamones. Y tú también en

casa puedes ser reconocido por lo bien que preparas los diferentes cortes de carne, pero para esto debes saber elegirla.

- **Carne de res**: Para elegir carne fresca debes confiar en tus sentidos: visión, olfato y tacto. Un pedazo de carne fresco debe tener un color rojo vibrante de manera uniforme en toda su extensión. Fíjate si hay decoloración porque es un síntoma de mal manejo de la carne o mala refrigeración. Otro punto al que debes estar atento es el residuo de sangre. Trata de comprar carne que no tenga mucho residuo. Del mismo modo, debes prestar atención al color de la grasa. Esta debe ser blanca, cremosa y no amarillenta. Su olor no debe ser agrio ni descompuesto.

  Asegúrate de comprar en lugares establecidos, es decir, en lugares donde te puedas asegurar a través del boca a boca o de internet, de que tienen tradición de vender buena carne. Siempre me han dado más confianza, aparte de que sirven para establecer una confianza con el carnicero, lo cual te permitirá aprovecharte de los mejores precios y cortes. Cerciórate de mirar la fecha de elaboración y vencimiento, puesto que la carne fresca a temperatura de refrigeración dura 1 día, refrigerada dura entre 3 semanas a 4 meses. Sólo así podrás saber si la carne está en buen estado.

  Si estás buscando carne que sea rápida de cocinar, debes quedarte en los cortes que puedes hacer a la parrilla. Estos cortes te permiten usarlos al momento y no requieren de larga cocción. Algo muy útil para tener en cuenta aquí es que si debes hacer estos cortes más pequeños, debes cortar de manera perpendicular a las fibras de la carne. Esto te ayudará a hacer que se mastique más fácil a la hora de comer. Un ejemplo gráfico de esto es imaginarse las fibras de la carne como si fueran sorbetes o pajitas, como le dicen en otras partes del mundo. Si cortas paralelos a ellas, estas quedarán tal como si estuvieras tomando un bocado de sorbetes. ¡Muy complicado de masticar! Al cortarlas perpendicularmente, haces que las fibras sean más pequeñas y la carne se sentirá más tierna y suave en tu boca.

- **Pollo y pavo**: Del mismo modo que la carne de res, conviene comprar estos cortes en lugares establecidos, con tu carnicero de confianza. Lo primero que te saltará a la vista cuando estés eligiendo pollo o pavo es el color de la piel. Esta debe ser blanca o amarillo pálido, húmeda, sin decoloraciones ni manchas. Al momento de comprar pechugas, estas deben tener aspecto redondeado. Un factor clave que debes recordar es fijarte que no tengan demasiada grasa entre la piel y la carne.

En el caso de que estés comprando envasados estos cortes de carne, busca su fecha de elaboración y vencimiento. Un buen lugar dónde mirar para reconocer si el pavo o pollo está fresco es el extremo de sus alas. Si estas presentan oscurecimiento significa que no está fresco. Evita el pollo y el pavo que tengan mucho residuo de sangre.

Si estás buscando los mejores cortes para cocinar de manera rápida, aquí también aplican los cortes que puedas cocinar a la parrilla. Las pechugas y muslos pueden quedar espectaculares, con un dorado sin igual, que tú y tu familia podrán disfrutar en muy poco tiempo.

■ **Pescado**: A la hora de elegir pescado, lo primero que debes hacer es fijarte en el color de los ojos. Estos deben ser trasparentes y brillantes. Si los notas opacos, no está fresco. Si el pescado ya está cortado y no le puedes ver los ojos, hay otras formas de determinar si está fresco; el más importante es que si el pescado está fresco debería oler a mar. El olor fuerte a pescado suele denotar que no está fresco. Otra característica de un pescado fresco es que debería lucir húmedo y brillante, tal como si recién lo hubieran sacado del agua. Si puedes manipularlo, presiónalo levemente con tus dedos y fíjate si luego de hacerle presión vuelve a su forma original. Si el pescado se queda hundido, esto es un síntoma de que no está fresco.

Evita comprar el pescado para toda la semana en un mismo día. Si ya te estás tomando la molestia de comprar pescado fresco, asegúrate de consumirlo el mismo día o durante las primeras 36 horas a partir del momento en que lo compras, no lo refrigeres para cocinar más tarde puesto que perderá frescura y, con esto, calidad. Es importante que sepas que los pescados blancos son los más fáciles de utilizar puesto que su sabor no es

tan fuerte. Esto los hace compaginar y complementar bien con otros sabores dándote mejores posibilidades de preparar un platillo que tenga el factor *¡wow!*

- **Cerdo**: El cerdo es el animal al que más y mejor provecho se le saca porque se pueden preparar platillos exquisitos con casi todas sus partes. Nuevamente, aquí el color de la carne nos dirá qué tan fresco es el cerdo y si ha sido muy maltratado. Asegúrate de que presente un color rosado pálido, jamás marrón. Al igual que la carne de res, la grasa debe lucir cremosa y firme. No compres cerdos de piel gruesa o con pelos.

- **Cordero**: Cuanto más joven y fresco es el cordero, menos es el adobo que necesita, puesto que la carne de cordero se caracteriza por ser tierna y sabrosa. El olor del cordero fresco es suave y su color debe ser rosa. Aquí también verás que la grasa debe ser blanca y firme. Su preparación más popular es al horno, donde debes calcular 15 minutos de horno por cada libra.

comprando carnes orgánicas y pescado salvaje

Al igual que las frutas y vegetales, también podemos encontrar la versión orgánica en las carnes de animales. En este caso, se denomina orgánicos a los animales que no han ingerido hormonas de crecimiento ni antibióticos durante su crianza. Por lo tanto, no tienen ninguna de estas substancias dañinas para nuestra salud.

En cuanto a las carnes, el tema de lo orgánico resulta bastante extenso. Sin embargo, te daré información vital para que puedas sentirte seguro a la hora de tomar decisiones de compra con respecto a estos productos. Además, quiero que como chef conozcas un poco más acerca de los alimentos que manipulamos, así que la información a continuación te será realmente útil.

Comencemos hablando de la carne de res orgánica. Actualmente, hay dos tipos de esta carne que puede estar certificada como orgánica. La primera se compone de vacas que durante toda su vida han sido alimentadas sólo con pasto. El otro tipo de carne orgánica es el de vacas a las que engordan con alimentación de granos meses antes de ir al matadero para que ganen peso. A pesar de que las dos están libres de hormonas y son orgánicas, te recomiendo que compres la carne que ha sido 100 por ciento alimentada con pasto. Estas tienden a tener menos grasas y su vida se asemeja más a lo que sería una vida silvestre, por lo tanto sufren menos estrés y esto se traduce en mejor carne.

En el caso de aves como el pollo y el pavo, el tema de lo orgánico también es importante. La necesidad por apresurar su crecimiento hace que los productores abusen de la cantidad de hormonas y antibióticos que incluyen en sus dietas. Por eso es crucial que al momento de comprar estas carnes te fijes que la etiqueta diga que es carne certificada orgánica. Cuidado, porque hay otras etiquetas como «pollo de pastoreo» o *«pastured chicken»* que tratan de hacer ver a estos pollos como pollos más naturales. Sin embargo, esta etiqueta no garantiza que su alimentación haya estado libre de hormonas o antibióticos.

Lo mismo ocurre con la carne de cerdo. Cuando estos son criados de manera orgánica, su dieta consiste en alimentos orgánicos y tienen acceso a pasto, manzanas silvestres y bellotas, al contrario del cerdo convencional, que tiene una dieta permanente de maíz y granos de soya. El cerdo orgánico disfruta también de más espacio durante su crianza. Tiene acceso a más luz de día y a praderas, lo que lo hace más saludable y mejor carne para nosotros.

Cuando se trata de la carne de cordero, el mismo principio de la carne orgánica aplica, no tienen hormonas ni antibióticos. A la hora de comprar esta carne, debes considerar que la temporada en que la carne esta más suave es durante mayo y junio. Además, encontrarás por lo general carne de cordero local y también carne de cordero importada de Nueva Zelanda. Esta última, también la puedes encontrar en su versión orgánica.

Habiendo cubierto la mayoría de carnes que podrías conseguir en el supermercado, ahora es tiempo de hablar de los pescados. Hoy en día todavía no existe una etiqueta que certifique a los pescados como orgánicos en los Estados Unidos. Esto se debe a que no es posible saber todo lo que consume un pez, bien sea salvaje o de crianza en granjas. Y es que es imposible determinar qué alimentos ha ingerido un pescado salvaje, por eso todavía no puede ser llamado orgánico. Por otro lado, a pesar de que la dieta de los peces que son «cultivados» en granjas está controlada, estos también están en contacto con el agua de mar y esta puede tener substancias tóxicas dañinas para nuestra salud y, por ende, tampoco se les puede denominar orgánicos. No obstante, los pescados pueden ser divididos en pescados salvajes y de granja.

Como su nombre lo indica, los pescados salvajes son aquellos que son atrapados en su hábitat natural. Estos suelen ser más sanos que los pescados cultivados en granjas porque no sufren de problemas como compartir un espacio pequeño con una gran cantidad de peces, ni las enfermedades que la falta de espacio a veces ocasiona en estas criaturas, así que te recomiendo que compres pescado salvaje. ¡Ojo!, algo que hay que tener en cuenta con cualquier tipo de pescado es el contenido de mercurio que

> Sacrifica cosas como sodas, chips y snacks que no son saludables para ti e invierte el dinero en productos orgánicos y salvajes.

poseen, elemento presente tanto en los pescados salvajes como en los de granja. Por lo general, el pez espada y el tiburón tienen altísimos niveles de esta toxina, así que no consumas demasiada carne de estos peces. Te recomiendo más bien que compres pescados como la merluza, las sardinas y el bagre, y mariscos como el camarón, el cangrejo y el calamar porque todos ellos poseen niveles bajos de mercurio y resultan más sanos para ti. Y siempre que puedas, procura comprar pescados y mariscos locales, así te asegurarás de que sean más frescos.

Hay que tener en cuenta que los productos orgánicos y salvajes tienden a salir un poco más costosos. Sin embargo, hay varias cosas que puedes hacer para mantenerte en presupuesto. Lo primero que te recomiendo es que vayas a los mercados locales, de esta manera estarás comprando la comida directamente del productor, lo que reduce costos. También, cada vez que puedas, compra en grandes cantidades y congela lo que no vas a utilizar. (La única excepción es cuando compras pescado o mariscos, esos es mejor comprarlos el mismo día en que los vas a cocinar.) Siempre, esto te ayuda a negociar mejores precios con las personas de estos mercados. Otra cosa que puedes hacer para mantenerte en presupuesto es comprar inteligentemente. Sacrifica cosas como sodas, chips y snacks que no son saludables para ti e invierte el dinero en productos orgánicos y salvajes. A la larga, será todo más económico.

«atajos» y otros trucos útiles en la cocina

No podía dejar de incluir en el libro algunos de los atajos o trucos más divertidos e ingeniosos que conozco para hacer de la cocina algo más fácil, agradable y rápido. ¡En esta lista hay de todo! Desde cómo ayudarte a abrir los molestos frascos de algunos ingredientes hasta cómo picar más rápido. Ya verás cómo un poquito de ingenio hace maravillas en la cocina.

cómo abrir frascos más fácilmente

Como hombre he lidiado con el sufrimiento, y la vergüenza, de no poder abrir un frasco de alimentos. Esto me solía pasar particularmente en reuniones familiares, y claramente, todos mis primos me empezaban a echar broma con eso. Recuerdo un domingo en el cual estaba esperando a toda mi familia para comer en casa. Estoy hablando de toda la familia. Tías, tíos, infinidad de primos, una gran multitud. Estaba sirviendo unos snacks para ir ganando tiempo mientras servía la comida. Me di cuenta de que se terminaron las aceitunas y cuando intenté abrir un frasco para reponerlas, me di cuenta de que la tapa no cedía. Al poco tiempo, vi a un primo que me miraba desde la distancia y supe que venía a echarme broma. Luego de unos cuantos chistes y risas, lo logré abrir. Es algo que a cualquiera le puede pasar, pero por suerte ya encontré una solución que acaba con este problema. La próxima vez que tengas que abrir un frasco, evita que se te resbalen las manos usando una pelota de tenis. Lo único que tienes que hacer es tomar la pelota, partirla por la mitad y utilizar la parte de adentro para ayudarte a tener mejor agarre. El caucho en la parte interior de la pelota de tenis se adhiere a la tapa del frasco, dándote la tracción que necesitas para abrirlo.

cómo oxigenar un vino rápidamente

Una de las mejores formas de mejorar el sabor de un vino tinto es a través de la oxigenación. El vino, al entrar en contacto con el aire después de haber pasado mucho tiempo embotellado, pierde esos aromas de encierro y, con ellos, un poco de acidez, lo que hace que toda la experiencia sensorial del vino mejore, puesto que mejorará su aroma y su sabor será más puro. Normalmente, en un restaurante, para oxigenar un vino, este es pasado por un decantador o por un Vinturi, que es una especie de artefacto que oxigena el vino mientras es servido. Esto lo puedes hacer tú también en tu casa si dispones de bastante tiempo. Ahora, si organizaste algo en tu casa y no te dio tiempo de hacerlo, no temas porque todavía puedes oxigenarlo. Si no tienes decantador o Vinturi, una forma de hacerlo es verter la botella de vino en una jarra grande y con la ayuda de otra jarra irás oxigenándolo al pasarlo de una jarra a la otra. Debes hacer esto aproximadamente unas 15 veces y créeme que te ayudará mucho. Luego de este proceso, tu vino ya se habrá oxigenado lo suficiente para ser servido. Y así de simple puedes mejorar el sabor de tus vinos en muy poco tiempo.

cómo quitar la cáscara a un huevo hervido a la perfección

Una de las cosas que pueden llegar a desesperar más a cualquier chef de casa es quitar la cáscara a un huevo hervido. Para el que no sabe cómo hacerlo, este proceso toma tiempo y puede ser frustrante puesto que no toda la cáscara sale fácilmente y muchas veces te encuentras pelando pedacitos minúsculos desesperantes porque no se despegan. Sin embargo, a algún genio se le ocurrió el siguiente atajo: la próxima vez que vayas a hervir un huevo, toma una tachuela o algún objeto puntiagudo que esté limpio y hazle una pequeña incisión en la parte más delgada de la cáscara. La consigues en la punta superior del huevo en posición vertical. Asegúrate de perforar bien la membrana interior. Luego pon el huevo en agua hirviendo, sin la tachuela, y deja que se cocine. Una vez que esté cocido, colócalo en agua helada y luego procede a quitarle la cáscara con una cuchara. Utiliza el hueco creado por la tachuela para empezar a escarbar con la cuchara y separar el huevo de la cáscara. Si lo haces con mucha delicadeza verás que sale mucho más fácil y que el huevo está cocido a la perfección.

> Una de las mejores formas de mejorar el sabor de un vino tinto es a través de la oxigenación.

cómo mantener el helado listo para servir siempre

Si te gusta el helado, te habrás dado cuenta de que una vez que lo abres y lo vuelves a refrigerar, suele perder su cremosidad. ¡No hay peor sensación que ver cómo la cuchara se dobla ante este helado duro como concreto! Luego tenemos que perder tiempo dejando que se descongele un poco antes de servir. Afortunadamente, te tengo la solución para que tu helado se mantenga siempre tan cremoso como la primera vez que lo probaste. Para esto, lo único que necesitas hacer es conseguir una bolsa con zíper hermético —también conocida como Ziploc— y meter en ella el contenedor del helado. La próxima vez que vayas a comerlo, verás cómo se encuentra como si recién lo estuvieras comprando en el supermercado. Y si se te olvidó ponerlo en la bolsa Ziploc, puedes optar por ponerlo en el microondas por unos cuantos segundos. Esto hará que el helado se afloje un poco y tome más cremosidad.

cómo cortar alimentos pequeños simultáneamente

No es necesario tener las destreza de un chef hibachi para poder cortar pequeños alimentos con una velocidad espectacular. Con este atajo podrás cortar varios ingredientes pequeños como tomates cherry, aceitunas y bayas, en un dos por tres y sin riesgo de que te cortes un dedo. Para hacer esto necesitas encontrar 2 tapas de plástico del mismo tamaño. Pueden ser de recipientes, envases de leche en polvo o lo que quieras. Luego de haber encontrado las tapas, las vas a apoyar sobre una superficie estable y seguidamente vas a colocar los ingredientes que deseas cortar sobre una de las tapas. Una vez hecho esto, procederás a colocar la tapa vacía sobre la que tiene los ingredientes, prácticamente haciendo un sándwich. Después, harás un poco de presión sobre la tapa superior de plástico de manera que puedas sujetar los ingredientes mientras pasas el cuchillo por la ranura que existe entre las dos tapas. Al haber hecho esto, habrás cortado múltiples alimentos de manera rápida y segura. ¡Prepárate a romper el récord de cortado rápido en casa!

cómo cortar alimentos con hilo dental

Como te dije anteriormente, los cuchillos serán tus mejores amigos en la cocina. Sin embargo, hay un utensilio un poco inusual que también puede ganarse tu cariño: el hilo dental. Puedes usar este utensilio de higiene personal para cortar alimentos suaves y, lo mejor de todo, no tendrás que perder tiempo lavándolo después. Es excepcional a la hora de cortar pasteles, bananas sin cáscara, quesos e incluso papas cocidas. Te será muy útil porque te permite picar sin mucho esfuerzo, reduciendo las posibilidades de hacer un desastre y ayudándote a obtener cortes bien precisos. Lo mejor de todo es que algunos alimentos suaves tienden a quedarse pegados en el cuchillo una vez que los picas y esto no pasa con el hilo dental. Eso sí, asegúrate de comprar un hilo dental normal sin sabor mentolado... ¡si no, todos tus platillos terminarán sabiendo a dentistería!

cómo separar la clara de la yema de huevo sin desastres

Hay recetas que nos piden separar la clara de la yema del huevo y, si no se tiene la experiencia, este proceso se puede volver complicado. Una de las maneras más populares de hacer esto es rompiendo el huevo y trasladando el contenido entre las dos mitades de la cáscara hasta que se logra separar la yema de la clara. Ahora, si estás de prisa, este proceso puede que no sea el mejor para ti. Se necesita un poco de tiempo para no correr el riesgo de que se te vaya una yema a la mezcla final o que hagas un desastre. Afortunadamente, hay un truco muy sencillo que se puede utilizar en cualquier cocina. Para esto sólo necesitas una botella de plástico, preferiblemente de agua, vacía. Luego de encontrar la botella, procederás a abrir y verter en un plato hondo todos los huevos que vas a utilizar. Una vez hecho esto —y aquí es donde empieza la magia—, tomarás la botella de plástico destapada y la oprimirás de manera que expulse todo el aire que lleva adentro. En seguida, colocarás la boca de la botella sobre una de las yemas que deseas retirar y dejarás de hacer presión en la botella. Esta se llenará nuevamente de aire, y en ese proceso de succión, removerá la yema del huevo de la mezcla final. Pon la yema en un plato aparte y vuelve a repetir el proceso. ¡Dentro de poco estarás disfrutando de un gran platillo con huevos con alto contenido proteico! Y si eres de los que les gusta sacarle el máximo provecho a los ingredientes, como yo, puedes guardar las yemas para preparar tu propia mayonesa.

cómo alargar la vida de tu pastel

Los pasteles son deliciosos, pero siempre son mejores cuando están frescos. Con el tiempo pierden parte de su textura esponjosa y suave, sobre todo cuando ya se ha

sacado una tajada. Y ¡eso a nadie le gusta! Por suerte, hay una manera de solucionar esto con algo que todos tenemos en casa: rebanadas de pan. El truco está en cubrir con rebanadas de pan los bordes internos del pastel que quedaron expuestos al partirlo. Puedes usar palillos de madera para que estas se mantengan donde deben. Al pasar los días, verás que el lado exterior del pastel se mantendrá en perfectas condiciones.

cómo sacar lo máximo a un tarro de chocolate para untar

Por más que intentemos dejar el mínimo de chocolate pegado en un tarro, siempre algo se nos queda. No importa qué utilicemos para tratar de sacar todo, ¡es casi imposible! Pero en este mundo todo tiene solución, y con este sencillo y delicioso truco podrás sacarle hasta la última gota. La próxima vez que un tarro de chocolate esté en las últimas de vida, agrega 1 taza de leche caliente al pote y remuévelo. Al poco tiempo verás cómo la leche empieza a adquirir el color del chocolate y este se empieza a desprender de las paredes. Luego puedes pasar la leche achocolatada a una taza, y listo.

cómo eliminar el fuerte olor a pescado cuando lo cocinas

Lo único malo de cocinar un rico pescado en casa es el fuerte olor que este despide al entrar en contacto con el calor. Esto es particularmente molesto cuando se trata de una casa más cerrada y no hay casi entradas de aire libre. Ya todos sabemos lo que sucede: el olor queda encerrado en el hogar sin importar qué tipo de aromatizante uses. ¡Pero no temas! Existe un truquito para evitar esta incomodidad: remoja el pescado en leche antes de cocinarlo. Te recomiendo que lo hagas por al menos una hora. Esto ayudará a realzar el sabor del pescado y a dejar tu casa sin ese olor. ¡Pruébalo!

Como puedes ver, la cocina es un lugar donde la creatividad nunca se extingue. Siempre hay una manera ingeniosa y divertida de realizar las actividades que todo chef debe hacer para cocinar platillos espectaculares. Y con estos 10 sencillos trucos que has aprendido, te aseguro que tu experiencia en la cocina mejorará ampliamente.

La cocina es un lugar donde la creatividad nunca se extingue.

¡manos a la obra!

la capital del mundo culinario está en latinoamérica

Antes de que te adentres en las deliciosas recetas de este libro, quería compartir contigo un poco acerca de mi inspiración para escribir varias de las que verás más adelante. Siempre se ha hablado de las cocinas europeas y occidentales como referencias de excelencia en el mundo de la cocina. Y es que todos de alguna manera u otra hemos probado las delicias de la cocina italiana, china y japonesa; pero muy poco a poco los diferentes estilos culinarios de Latinoamérica están empezando a hacer nombre a nivel mundial. Y al ser un chef con influencia hispana, este suceso me inspira a representarla por todo lo alto.

Gracias a mi profesión, he logrado conocer gran parte de la región y, con esto, probar y experimentar una gran cantidad de platillos y delicias. Con estas experiencias, me he convertido en testigo de la gran creatividad y mezcla de ingredientes que se utilizan en nuestros países para cocinar y hacer de todo una delicia, algo que francamente siempre me impresiona. Un dato curioso que pienso que juega un gran factor en esto es que en Latinoamérica hay una gran variedad de alimentos, incluso mayor a la de otros continentes, y es esta abundancia la que nos ha ayudado a crear nuevos y deliciosos platillos que son reconocidos a nivel mundial.

Parte de mi misión con este libro es transmitirte la creatividad y buen sabor del nuevo continente a través de mis recetas, porque quiero que todas te inspiren a cocinar más a menudo, incluso todos los días si es posible. He ido a los rincones de México, Perú, Ecuador, Argentina, Chile, Honduras, por mencionar algunos, siempre muy atento, absorbiendo todas las experiencias culinarias para que puedas disfrutarlas en tu mesa. Sin embargo, esto no quiere decir que no haya incluido recetas clásicas mediterráneas que también causarán furor en casa, sólo te quería compartir lo orgulloso que estoy del buen momento por el que está pasando la cocina latinoamericana.

Sin más preámbulos, llegó el momento para el cual te he estado preparando a lo largo de todas estas páginas. El momento donde tú y tu cocina se asociarán para crear sabores únicos que deleitarán todos los días a tus seres queridos. El momento donde te consagrarás como el gran chef de casa. ¡Manos a la obra!

aperitivos perfectos

¡Es el debut de la comida, el primogénito de la mesa, el que anticipa lo grandioso que está por venir! Un aperitivo tiene la importante labor de establecer el tono de la comida, y sí que puede ser poderoso. Recuerdo una vez que, en una noche más concurrida de lo habitual en mi restaurante, tuvimos un altercado con un cliente porque nos demoramos un poco más de lo estipulado para sentarlo. Entendiblemente, el cliente estaba molesto y su trato hacia nuestros mesoneros no era el mejor. Decidí entonces hacer algo que alegrara a este señor para que no pasara una noche amarga por una simple espera de más. Así que entré rápidamente a la cocina y preparé unos dátiles envueltos en tocino y unas yuquitas fritas con delicioso chimichurri y le mandé los dos aperitivos a su mesa por mi cuenta. ¡El resultado fue el que esperaba! De manera inmediata, el cliente se calmó y terminó dejando una gran cantidad de propina y algo que para mí siempre ha sido muy importante: una gran recomendación del restaurante en internet. Esta es una historia verídica que comprueba el poder de un buen aperitivo.

Del mismo modo, un aperitivo poco apetitoso puede echar a perder una comida. Una mala experiencia con este primer plato puede dejar a tus invitados o seres queridos pensando si el resto de la comida seguirá el mismo patrón.

Infinidad de veces he comido en restaurantes que no le prestan mucha atención a esto, y la verdad es que puede ser bien desagradable. Sin embargo, con las recetas que encontrarás más adelante, podrás estar seguro de que tus aperitivos siempre serán espectaculares.

Aunque hay un sinfín de aperitivos, debes pensar en ellos como si se clasificaran en familias o grupos. Existen los que llamo del jardín, que están compuestos por vegetales y frutas crudas o cocidas; los del mundo de la harina, como las bruschettas, las galletas y los sándwiches, por mencionar algunos, y los proteicos, que tienen carnes de animal. La regla general para todos ellos es que los sabores del aperitivo nunca opaquen a los del plato principal, y al momento de servirlos se acostumbra comenzar por los más ligeros y se avanza hasta los más densos, o se empieza sirviendo los fríos y luego presentas los calientes.

Personalmente, cuando se trata de aperitivos, me gusta mezclar mucho texturas y sabores para hacer de la comida de mis invitados una gran experiencia culinaria. Trato de combinar aperitivos clásicos para luego animar a las personas a probar unos nuevos, como la deliciosa sopa César con pollo (receta en la pág. 107), que vale la pena decir, funciona mágicamente en el paladar. Eso sí, tampoco me gusta pasar mucho tiempo en la cocina preparándolos porque la idea es compartir con los invitados, y sé que en casa piensas igual. Por eso he incluido una gran variedad de recetas de aperitivos que no te quitarán mucho tiempo y que te permitirán impresionar hasta al más exigente de los paladares. Y, como siempre, puedes esperar que todas tengan ese gran factor *¡wow!* que marca la diferencia.

calamares fritos con salsa marinara

PARA 4 PERSONAS

Esta es otra receta que ofrecía en uno de mis restaurantes, pero a diferencia de como la presento aquí, la servía con una salsa de coco. Esa versión es deliciosa, pero lleva mucho trabajo y no quiero complicarte la vida, por eso aquí la prepararemos con salsa marinara. El secreto del calamar es siempre cocinarlo por un período muy corto de tiempo ya que el entretiempo es el que hace que el calamar quede duro y gomoso. ¡Esta receta es perfecta para compartir con los invitados!

INGREDIENTES:

1 litro de aceite de canola

2 cucharadas de páprika ahumada

1 cucharada de pimienta negra

sal

1 libra de aros de calamar

2 tazas de harina

2 limones

PARA LA SALSA DE TOMATE:

½ cebolla amarilla

2 dientes de ajo pelados

2 zanahorias

2 manojos de apio

1 chorrito de aceite de oliva

32 onzas de tomates triturados

½ taza de albahaca picadita

4 hojas de laurel

PREPARACIÓN DE LOS CALAMARES:

Precalienta el aceite a 375°F. Aparte, mezcla la harina con la páprika ahumada, la pimienta negra y la sal. Coloca los aros de calamar en la harina, luego llévalos al aceite caliente y fríelos por aproximadamente 1 minuto y medio. Retíralos y colócalos en un plato con papel absorbente.

PREPARACIÓN DE LA SALSA:

Coloca todos los vegetales en un procesador y procesa por 1 minuto, hasta que los vegetales queden finamente picados. Si el procesador es pequeño, hacerlo en varias tandas. Calienta una olla honda, agrega un chorrito de aceite de oliva y saltea el puré de vegetales a fuego medio por unos 7 minutos. Luego, agrega los tomates triturados, la albahaca entera y el laurel para que estos suelten su perfume. Cocina por otros 40 minutos sobre fuego medio. Poner la salsa en una taza y servir los calamares en un plato aparte.

tip de chef james >> Utiliza el termómetro de cocina y asegúrate de que el aceite esté a 375°F antes de colocar los calamares. Esto hará que cuando los agregues, la temperatura baje a alrededor de 350°F, lo cual te permitirá un freído perfecto.

quesadillas con chile poblano

PARA 4 PERSONAS

Cerremos los ojos y dejémonos llevar a nuestro México lindo y querido. Cuando se calienta, el queso Oaxaca se vuelve muy elástico, lo cual hace de esta receta una experiencia culinaria única. Además, lo puedes conseguir fácilmente en cualquier supermercado, así que no tienes que preocuparte por no poder encontrarlo. En los años que viví en Los Ángeles, al lado de la barbería de mi tío pasaba casi todos los días a comer enchiladas y quesadillas con chile poblano. ¡Son una delicia! Simples, rápidas y económicas, todo lo que buscamos a la hora de preparar una receta conveniente. ¡Aquí se las dejo!

INGREDIENTES:

2 chiles poblanos cortados en tiras y sin semillas

1 cebolla morada

sal

pimienta

4 tortillas de harina de 10 pulgadas de diámetro

1 libra de queso Oaxaca o de queso fresco

PREPARACIÓN:

En un sartén a fuego alto agrega el chile poblano, la cebolla, sal y pimienta, y saltea rápidamente hasta que la cebolla se ablande y se dore ligeramente, durante aproximadamente tres minutos. Quita del fuego. En otro sartén grande (o sobre una plancha) pon a calentar las tortillas y agrega el queso por encima, pero sólo en una mitad. Una vez que se haya derretido el queso, echa un par de cucharadas de la mezcla de cebolla y chiles poblanos sobre el queso y dobla la quesadilla. Voltea y cocina dos minutos más. Repite el proceso con cada una de las tortillas. Luego corta en cuartos y sirve.

tip de chef james >>

Si rostizas los poblanos a fuego alto en el horno, o por medio de una llama abierta, conseguirás un increíble sabor ahumado que dará otra dimensión a estas quesadillas.

pulpo a la gallega

PARA 4 A 6 PERSONAS

Qué buenos recuerdos me trae esta receta de la región de Galicia, España, reconocida por tener la mejor calidad de mariscos del país. Comencé comiendo esta receta alrededor de los 5 o 6 años cuando visitaba a mi vecino, el señor David, quien más adelante se convertiría en mi inspiración para ser cocinero. Salíamos temprano, comprábamos pulpo fresco y regresaba a cocinarlo en casa. Su truco era cocinarlo con un corcho en la olla, pues así lo preparaban en su Galicia natal, de generación en generación. Nunca hubo explicación lógica de por qué el corcho hacía que el pulpo terminara suave, pero la verdad siempre le quedaba muy tierno.

INGREDIENTES:

1 diente de ajo

1 papa entera

1½ libra de pulpo

¼ taza de aceite de oliva

sal

Páprika ahumada

PREPARACIÓN:

En una olla honda, agrega agua hasta cubrir ¾ partes. Luego añade el ajo, la papa y, por último, el pulpo. Cocina a fuego medio hasta que la papa esté cocinada, es decir, alrededor de 40 minutos. El pulpo se cocinará al mismo tiempo. ¡Ojo!, el agua no debe hervir porque entonces el pulpo se vuelve duro.

Una vez cocidas, corta las papas en cubos y sírvelas en un plato como base para el pulpo y luego pon el pulpo encima. Déjalo enfriar un poco y sírvelo con aceite de oliva, sal y páprika ahumada.

tip de chef james >> Para dar con el tiempo de cocción exacto, calcula de 9 a 10 minutos por libra de pulpo. También, si el agua en donde vives tiene altos contenidos de calcio y cloro, agrega a la olla, antes de comenzar a cocinar, una cebolla sin pelar para que absorba estas impurezas.

sopa de aguacate con camarones

PARA 4 PERSONAS

Esta receta fue una de esas primeras sopas frías que preparé en mi vida. Un día en un crucero probé una sopa fría de fresas y me pareció tan interesante que mi curiosidad extrema me llevó a buscar más recetas de sopas frías. El gazpacho lideró mi investigación, pero más adelante descubrí una sopa de aguacate que me pareció totalmente fuera de lo común; sin embargo, sentía que todavía le faltaba algo. Por eso le agregué camarones y otros toques de mi propia inspiración. Si no has probado una sopa fría, aquí tienes una opción para que lo hagas, y para degustarla mejor, prepárala en los calurosos meses de verano.

INGREDIENTES:

3 aguacates Hass

1 taza de caldo vegetal

2 cucharadas de cebollines picados

2 cucharadas de cilantro

2 cucharadas de jugo de limón

sal

pimienta blanca

¼ de taza de crema de leche

3 cucharadas de aceite de oliva

Los granos de 2 mazorcas

1 cucharadita de páprika ahumada

4 unidades de camarón jumbo

PREPARACIÓN:

En un procesador de alimentos, coloca los aguacates con el caldo de vegetal, los cebollines, el cilantro, las dos cucharadas de jugo de limón, la sal y la pimienta blanca y procesa durante 1 minuto. Retira, agrega la crema de leche, mezcla, y deja a un lado.

En seguida, en una olla, agrega las 3 cucharadas de aceite de oliva y los granos del maíz. Saltea a fuego alto hasta que empiece a caramelizar, y por último agrega la páprika ahumada y los camarones. Saltea todo junto por 3 minutos más y sírvelo por encima de la sopa fría.

gazpacho verde

PARA 2 A 4 PERSONAS

Aunque ya conocía el gazpacho por sus diversas elaboraciones fuera de España, quise probar el auténtico gazpacho andaluz en uno de mis viajes a la península ibérica. Este es un platillo que se caracteriza por su simplicidad, tradición y cultura. Un dato curioso del gazpacho es que algunos lo consideran una mezcla entre sopa y ensalada debido a sus ingredientes. Además, el gazpacho viene en diferentes colores, que van desde el rojo (dependiendo del uso de tomates) hasta el verde. En este caso, decidí crear una variante de un gazpacho verde usando los mismos principios de la receta original, para permitirte prepararlo en casa siempre que quieras.

INGREDIENTES:

⅛ de taza de vinagre de jerez

½ taza de aceite de oliva

1 taza de caldo vegetal

1 diente de ajo

1 chalote

2 pepinos, más un poco en cuadritos para decorar

1 taza de uvas verdes, más un poco en cuadritos para decorar

1 cucharadita de eneldo, más un poco para decorar

PREPARACIÓN:

Agrega el vinagre, el aceite, el caldo, el ajo, el chalote, 2 pepinos, 1 taza de uvas y una cucharadita de eneldo en una licuadora y licua por 3 minutos. Sirve con pequeños pedacitos de uva, el pepino en trozos y eneldo picado por encima para decorar.

sopa de lentejas con chorizo

PARA 6 PERSONAS

Lentejas, lentejas, ¡lentejas! Un ingrediente que mi madre ama con locura y yo odiaba hasta que empecé mis estudios en cocina. Por ser un producto tan económico y de esos que rinden un montón, mi madre lo preparaba mucho cuando recién habíamos llegado a los Estados Unidos y no nos sobraba el dinero. Preparaba una olla y duraba 3 o 4 días... 4 días de pesadilla para mí. Cuando estaba cursando mis estudios culinarios, comencé por tomar cariño a las lentejas, pues veía que a la gente le gustaban mucho y, cuando eres chef, ¡no cocinas para ti! Por esto empecé a buscar darles sabor y aprovechar su textura cremosa. Y aquí comparto con ustedes la primera receta que hizo que me empezaran a gustar las lentejas.

INGREDIENTES:

2 unidades de chorizo en tajadas

½ taza de zanahoria picadita

½ taza de apio picadito

½ taza de cebolla picadita

½ taza de puerros picaditos

2 dientes de ajo

1 cucharadita de comino

2 cucharadas de vinagre de vino rojo

2 cucharadas de pasta de tomate

1 libra de lentejas

2 litros de caldo de pollo

PREPARACIÓN:

En una olla honda, a fuego medio, cocina el chorizo con un chorrito de aceite de oliva por dos minutos para liberar su sabor y luego, en la misma olla, agrega los vegetales y saltéalos hasta que ablanden. Una vez que empiecen a dorarse, aproximadamente 5 or 7 minutos, agrega el vinagre, la pasta de tomate, las lentejas y tuesta ligeramente con el resto de los ingredientes. Luego, agrega el caldo y deja cocinar a fuego lento por 1 hora. Servir en una taza.

tip de chef james >>
Duplica la cantidad de todos los ingredientes y así te quedará para comer nuevamente en la semana. ¡Es una manera inteligente de ahorrar tiempo en la cocina!

guacamole tradicional

PARA 6 PERSONAS

Para mí, una de las cosas más fascinantes de la comida mexicana es el guacamole. Como parte de su nombre lo indica (mole), es una salsa que me parece sumamente versátil y que va bien con todo. Sin mencionar que es super fácil de hacer y es una de esas recetas o platillos que alegran a todo el mundo. ¡Donde hay guacamole, hay gente contenta!, o ese es mi caso, al menos. Y es que cada vez que ofrezco un molcajete con guacamole a mis amigos, la reacción siempre es de felicidad. Haz la prueba en casa y cuéntame por las redes sociales.

INGREDIENTES:

2 aguacates Hass

sal

½ cebolla morada

1 jalapeño

jugo de 1 limón

2 cucharadas de cilantro picadito

tortillas de maíz

PREPARACIÓN:

En un tazón grande machaca los aguacates con un tenedor, luego sazona con sal y agrega el resto de los ingredientes. Continúa mezclando hasta que estos estén bien repartidos. Sirve con tortillas de maíz.

> ### tip de chef james >> Para evitar que tu guacamole se ponga oscuro, puedes agregar media cucharadita de sal de limón. Es un ácido cítrico que ayuda a evitar la oxidación del aguacate. Puedes encontrar este producto en mercados mediterráneos.

guacamole con piña a la parrilla

PARA 6 PERSONAS

Cuando abrí mi primer restaurante, Sabores, quería crear un bar de guacamoles con diferentes toques y texturas, pero que siempre partieran del clásico y sin renunciar a la rapidez y simpleza característica de esta receta. Después de una buena reunión con mis chefs, creamos uno fuera de lo tradicional: con piña a la parrilla. El resultado fue un éxito en mi restaurante, y que sin duda será también un éxito en tu hogar.

INGREDIENTES:

2 aguacates Hass

½ cebolla morada

1 jalapeño

jugo de 1 limón

2 cucharadas de cilantro picadito

4 cucharadas de piña a la parrilla (ver tip de chef james), cortada en trozos

tortillas de maíz

PREPARACIÓN:

En un tazón grande machaca los aguacates con un tenedor, luego sazona con sal y agrega el resto de los ingredientes. Continúa mezclando hasta que estos estén bien repartidos. Sirve con las tortillas de maíz.

tip de chef james >>

Para marcar la piña de manera espectacular, debes pelarla, picarla en rodajas y cocinarla a fuego muy alto por unos 5 minutos de cada lado.

aperitivos perfectos

75

sopa de zanahoria y curry

PARA 4 A 6 PERSONAS

La sopa de zanahoria es definitivamente una de esas recetas que te hacen sentir bien. Cremosa y caliente, es fantástica, algo por lo cual mi madre y mis tías la preparaban con mucha frecuencia. Quise alternar algunos ingredientes para terminar con una sopa de zanahoria con más carácter, por eso agregué una serie de ingredientes de la cocina tailandesa. Lo mejor de todo es que, como cualquier otra sopa, esta es muy rápida de preparar. Una vez que pruebes esta versión, expondrás el paladar a un increíble sabor sin igual.

INGREDIENTES:

- 2 cucharadas de aceite de coco
- 1 cucharadita de pimienta roja entera
- 1 cebolla
- 1 cucharada de jengibre, picado
- 1 cucharada de curry en polvo
- 6 zanahorias picadas de forma irregular
- 3 tazas de caldo de vegetales
- 16 onzas de leche de coco
- cilantro

PREPARACIÓN:

En una olla honda agrega el aceite de coco, la cucharadita de pimienta roja y comienza a sofreír la cebolla con el jengibre seguidos del curry. Saltear sobre fuego medio hasta que la cebolla ablande. Cocina por 2 minutos. Luego, agrega las zanahorias, cocinar sobre fuego medio alto y deja sudar unos 5 minutos, agitando constantemente. Una vez que estén suaves, cubre con caldo y deja cocinar unos 10 minutos sobre fuego medio alto. Después, agrega la leche de coco y deja cocinar 10 minutos más para luego licuar toda la sopa. Sirve con cilantro.

> **tip de chef james >>** Asegúrate de cocinar bien el curry con el aceite. De no hacerlo, quedará el sabor punzante del curry crudo.

crema de pimiento y coliflor

PARA 4 PERSONAS

Conseguí la solución para que al que no le guste la coliflor pida el segundo plato de esta sopa. El pimiento rostizado le da un color naranja vibrante y una nota de sabor dulce y rostizado; la tocineta le aporta un perfil ahumado. El solo hecho de escribir sobre esta receta me hace agua la boca.

INGREDIENTES:

- 4 tazas de leche entera
- 2 tazas de coliflor picados en trozos desiguales
- 3 lonjas de tocineta picadas en trozos de media pulgada
- 2 dientes de ajo pelados y picados
- 1 plmiento rojo rostizado y picado
- 2 hojas de laurel
- 1 cucharadita de comino
- 1 cucharadita de coriandro
- 1 papa pelada y picada en cubos
- 1½ taza de caldo de vegetal
- cebollines picaditos para decorar

PREPARACIÓN:

En una olla, coloca la leche y la coliflor y deja cocinar a fuego bajo por 20 minutos. En una olla aparte, cocina la tocineta en cuadritos hasta que esté crujiente, retira del fuego. En esa misma olla, cocina el ajo picadito, seguido del pimiento, del laurel, del comino, del coriandro y, por último, de la papa. Agrega la coliflor con la leche, y el caldo. Cocina 10 minutos más y licua. Dale el toque final sirviendo con la tocineta picadita por encima y con cebollines.

ceviche ecuatoriano

PARA 4 PERSONAS

Esta receta me recuerda mucho a las playas de varios países de Latinoamérica, donde siempre se encuentra a pescadores vendiendo ceviches hechos al momento en vasitos de plástico. Uno para recordar fue el ecuatoriano, y es que me llamaba mucho la atención el hecho de que llevase salsa de tomate y mostaza, cosa que va muy en contra del típico ceviche peruano. La verdad es que es delicioso e ideal para preparar entre semana, cuando a veces el tiempo no alcanza.

INGREDIENTES:

1 libra de camarones sin cola

2 tomates picaditos

½ chile serrano

jugo de ½ naranja

jugo de 1 limón

2 cucharadas de jugo de tomate

2 cucharadas de kétchup

1 cucharada de cilantro

1 cucharada de miel

2 cucharada de aceite de oliva

¼ de cebolla morada

cebollines (para decorar)

PREPARACIÓN:

¡Facilísimo de preparar! Sólo necesitas mezclar los ingredientes (menos los cebollines) en un tazón y dejar reposar por aproximadamente unos 5 minutos directamente en el refrigerador para enfriar la mezcla. Sírvelo decorado con los cebollines.

tip de chef james >> Te recomiendo que sirvas este ceviche con unos platanitos fritos, también conocidos como mariquitas.

ceviche nikkei

PARA 2 PERSONAS

La palabra «nikkei» te sonará rara pero no se trata más que de un mestizaje entre dos culturas: la peruana y la japonesa, producto de la significativa inmigración de japoneses a Perú. Esto abrió las puertas a que naciera esta cocina que mezcla ingredientes y preparaciones de ambas culturas para crear lo que se conoce como cocina nikkei. Fascinante, exótica y única, hoy la probarás en forma de ceviche.

INGREDIENTES:

3 onzas de atún cortado en cubos de media pulgada
sal
⅛ de cucharadita de pasta de ají amarillo
2 limas
⅛ de cucharadita de jengibre picado
⅛ de cucharadita de ajo picado
¼ de cucharadita de sirope simple
⅛ de cucharadita de vinagre de arroz
½ cucharadita de crema de apio (apio licuado)
2 cucharaditas de salsa de soya
½ cucharadita de aceite de sésamo tostado
1 cucharadita de cilantro picado
nori (alga marina para enrollar el sushi) picadito en tiras finas
½ cucharadita de semillas de sésamo

PREPARACIÓN:

Agrega el pescado picadito en un tazón. En seguida, sazona con sal para luego agregar el ají amarillo, mezcla y sigue agregando el resto de los ingredientes mientras continúas mezclando. Incorpora al final el cilantro, las tiras de nori y las semillas de sésamo.

tip de chef james >>
Es posible conseguir nori en cualquier mercadito asiático. Este ingrediente aporta un sabor complejo y muy característico a mi versión de este ceviche.

aguachile

PARA 6 PERSONAS

Aprendí esta receta en la Riviera Maya en México. Fue una experiencia increíble puesto que me llevaron a una aldea donde los indígenas no hablaban el español, y con todo y eso nos entendimos de manera perfecta. Esto me enseñó que la cocina es un lenguaje universal que todos podemos hablar. El aguachile es muy parecido a un ceviche pero con un estilo muy propio; su sabor es delicioso porque cuenta con el picosito de los chiles habaneros que complementan muy bien el pescado.

INGREDIENTES:

1 cebolla morada picada en cubos grandes, y un poco más, picadita, para decorar

1 pepino picado en cubos grandes

8 cucharadas de cilantro a picado finalmente

4 chiles habaneros

1 cucharadita de sal

jugo de 10 limones

1 libra de pescado blanco picadito en cubos de media pulgada

2 aguacates Hass

3 rábanos

PREPARACIÓN:

En una coctelera, agrega los trozos de cebolla, de pepino, el cilantro y el chile habanero, seguido de la cucharadita de sal. Después de haber hecho esto, coloca la tapa de la coctelera y agita para deshidratar los vegetales. Luego, agrega el jugo de limón y deja a un lado. En un plato hondo, coloca el pescado, el aguacate picadito en cubitos, un poquito más de cebolla picadita, el rábano y luego agrega la mezcla líquida de la coctelera. Deja reposar 2 minutos y ya estará listo para comer.

tip de chef james >>
Asegúrate de picar los cubitos de pescado de manera uniforme para que todos tarden aproximadamente lo mismo en cocinarse. Así evitarás tener unos pedazos más crudos que otros.

ceviche peruano

PARA 4 A 6 PERSONAS

Fui muy afortunado puesto que tuve la oportunidad de probar los ceviches mucho antes de que la cocina peruana empezara a expandirse por todo el mundo. Me lo presentó un buen amigo peruano que trabajaba conmigo hace muchos años, y desde ahí siempre me quedó la curiosidad de ir a Perú a probarlo. Felizmente, después de un tiempo tuve la oportunidad de ir y utilicé el viaje para perfeccionar las recetas, obviamente aprendiendo de los que verdaderamente saben del tema. Y con mucho cariño y esfuerzo aquí les doy una versión del ceviche tradicional peruano.

INGREDIENTES:
- 1 libra de pescado blanco
- sal
- 2 cucharadas de pasta de ají amarillo
- ½ cebolla morada
- ¼ de taza de cilantro picado
- jugo de 8 limones

PREPARACIÓN:

Mezcla el pescado con la sal y el ají, seguido del resto de los ingredientes. Continúa mezclando por 2 minutos. Dale el toque final con cilantro y sirve en taza individual.

tiradito

PARA 4 A 6 PERSONAS

Otra delicia peruana que no podía dejar de incluir en este libro. Es muy similar a los ceviches ya que tiende a ser el mismo principio, pero lo que diferencia al tiradito es su fino corte o laminado muy delicado de pescado. Además, su presentación suele ser espectacular y rápida, algo que te hará ver como un chef estrella.

INGREDIENTES:

1 libra de vieiras (o de pescado blanco) cortadas en láminas finas

4 ajís amarillos picaditos finamente

¾ de taza de jugo de limón (aproximadamente 6 limones)

1 diente de ajo machacado

¼ de taza de aceite de oliva

2 boniatos hervidos

1 ají limo

PREPARACIÓN:

En un plato, coloca las láminas finas de pescado. Luego, en una licuadora agrega los ajís amarillos, el jugo de limón, el ajo machacado, el aceite de oliva y licua por 1 minuto hasta crear una salsa. Sazona la misma con sal y luego cubre el pescado con la salsa. Agrega por encima el ají limo picadito al gusto, y sirve con el boniato hervido.

chipotle hummus

PARA 8 A 10 PERSONAS

Si hay algo que nunca ha faltado en el refrigerador de mi casa es el hummus, y es que teniendo ascendencia árabe, mis padres siempre lo cocinaban. Lo solíamos comer para el desayuno, para la cena, incluso a veces hasta de merienda, y hoy en día lo sigo haciendo. Uso una receta de mi niñez, pero en este caso le doy un toque moderno usando chile chipotle, un chile que le aporta otra dimensión de sabor y que sin duda será mejor que cualquier otro hummus que puedas adquirir en el mercado.

INGREDIENTES:

2 latas de 15 onzas de garbanzos

¼ de taza de agua

½ taza de tahini

2 chiles chipotle

2 dientes de ajo

1 cucharadita de comino

jugo de limones

sal

pan pita

PREPARACIÓN:

Coloca todos los ingredientes, excepto el pan, en una licuadora y licua por 2 minutos. Sazona con sal. Unta el pan pita con aceite de oliva (ambos lados) y tuéstalo en un sartén a fuego medio alto. Sirve el hummus en una taza con el pan pita tostado a un lado.

tip de chef james >> Si usas garbanzos de lata, asegúrate de lavarlos bien antes de utilizarlos. Así eliminarás el exceso de sodio.

yuquitas con chimichurri de jalapeño

PARA 6 A 8 PERSONAS

Estas yuquitas son una manera perfecta y fácil de entretener a tus invitados en una reunión en casa. Crujientes, con el chimichurri que llevan pueden convertirse en una adicción. YO QUE TE LO DIGO: te comes una y no puedes parar. Decidí usar yuca porque es un ingrediente al que no le damos el puesto que se merece, y que fácilmente podría ser tan importante como la papa. A mi parecer, para esta receta la yuca frita es superior a la papa frita. Espero que la organización mundial de papas no se moleste conmigo.

INGREDIENTES:

1 taza de aceite para freír

2 libras de yuca cortada en forma de papitas fritas (½ pulgada de espesor)

PARA EL CHIMICHURRI:

1 taza de cilantro

1 taza de perejil

2 jalapeños quemados en un sartén

3 dientes de ajo

¼ de taza de vinagre de vino tinto

1 taza de aceite de oliva

¼ de cucharadita de comino

PREPARACIÓN:

Calienta el aceite a unos 375°F (recomiendo usar un termómetro de cocina). Luego, agrega las yuquitas y fríe hasta que estén doraditas. Mientras se fríen, agrega los ingredientes del chimichurri en un procesador y procesa por 1 minuto. Sirve la yuca con el chimichurri al lado.

tip de chef james >>
Para una textura más cercana a la del chimichurri original, trata de no procesar mucho los ingredientes a la hora de prepararlo.

anticuchos de carne

PARA 8 PERSONAS

Un gran aperitivo que hará que tu reunión familiar o de amistades empiece con el pie derecho. Te llevará menos de una hora armar este delicioso platillo y dejarás a todos deseando más.

Nunca olvidaré cuando los probé por primera vez. Fue un día en que me invitaron a casa de unos amigos peruanos y me dijeron que íbamos a comer anticuchos. Esto fue antes de que empezara mis estudios culinarios y no tenía ni idea de a qué se referían. Luego de averiguar un poco, me enteré de que eran una clase de pinchos marinados a la parrilla, y con mucho gusto acepté. Al llegar a la casa de mi amigo ya tenía varios listos, marinados y preparados para la parrilla. Después de haberme comido unos 15 anticuchos nos dijeron tanto a mí como a los otros que estábamos ahí, que los anticuchos eran de corazón de res. A mi no me importó porque el corazón es algo que he comido muchas veces, pero la expresión del resto del grupo no fue la misma. Es por eso que decidí incluir esta receta en el libro pero, para que todos la puedan disfrutar sin problema, la preparé con carne de res.

INGREDIENTES:

1 libra de lomo de res cortado en cubitos de 1 pulgada

15 palitos de bambú

cilantro para decorar

PARA EL MARINADO ANTICUCHERO:

½ taza de ají panca

⅛ de taza de vinagre blanco

½ cucharadita de orégano

1 diente de ajo machacado

1 cucharadita de comino

4 cucharadas de salsa de soya

8 cucharadas de salsa hoisin

PREPARACIÓN:

Atraviesa los cubitos de carne con los palitos de bambú y déjalos a un lado. En una licuadora, agrega todos los ingredientes del marinado y licua por 1 minuto. Luego, lleva los pinchos a un recipiente o bandeja, agrega el marinado por encima y deja reposar por 30 minutos. Retira del marinado, sacude el exceso y lleva a una parrilla a fuego alto. Cocina unos 2 minutos por lado, y sirve con cilantro.

queso fundido con chorizo

PARA 2 PERSONAS

En Latinoamérica lo llamamos queso fundido, en Europa le llaman *fondue*, y es inicialmente un platillo que se creó con el propósito de acercar a las familias y fomentar el hecho de sentarse a comer en grupos, tradición que poco a poco se perdía en Suiza, país de origen de este plato. Por supuesto, lo adaptamos y le dimos su propia personalidad usando chorizo, y nos lo comemos con chips de tortilla. ¡Una cerveza bien fría, por favor, para mi queso fundido!

INGREDIENTES:

1 chorizo mexicano picado finamente
¼ de cebolla
2 dientes de ajo picado
1 tomate picadito
1 taza de queso Monterey Jack o Oaxaca rallado
Tortillas de harina calientes

PREPARACIÓN:

En un sartén de hierro comienza por cocinar el chorizo a fuego medio alto por 3 minutos. Agrega la cebolla y el ajo, y cocina por unos 2 a 3 minutos; luego agrega el tomate y cocina hasta evaporar toda el agua posible de ellos. Una vez evaporado el líquido, retira el salteado de la olla y agrega el queso. Espera a que este se derrita y luego agrega el salteado inicial por encima. Sirve con tortillas.

sopa de tortilla

PARA 6 A 8 PERSONAS

Una de las sopas con más sabor que hay en la cocina mexicana. Este es otro gran ejemplo en el que la combinación de texturas nos ayuda a elevar la experiencia del platillo, y es que cada bocadito crujiente de la tortilla viene acompañado de la cremosidad de la sopa. Sencillamente, una delicia para todos los que apreciamos el idioma universal de la comida.

INGREDIENTES:

4 litros de caldo de pollo

aceite de oliva

2 chiles pasilla desvenados y sin semillas

2 chiles anchos desvenados y sin semillas

5 tomates picados

5 dientes de ajo machacados

¾ de cebolla amarilla picada

sal

pimienta

5 tortillas de maíz cortadas en tiras de ½ pulgada

queso Cotija en trozos

1 aguacate Hass, en trozos

cilantro

limón

PREPARACIÓN:

En una olla honda, coloca el caldo de pollo y lleva a que dé un hervor.

En un sartén con aceite, tuesta ligeramente los chiles y deja a un lado, luego llévalos a un procesador de alimentos y procésalos con el tomate, el ajo y la cebolla. En seguida, pásalos por un colador para eliminar los grumos. Luego, lleva dicha mezcla a la olla con el caldo de pollo, sazona con sal y pimienta y deja cocinar por unos 20 minutos para integrar los sabores.

Aparte, fríe en otro sartén las tortillas hasta que estén crujientes y déjalas a un lado. Para culminar, sirve la sopa con las tortillas, el queso, el aguacate y el cilantro. Agrega un chorrito de limón al gusto.

camarones al ajillo

PARA 4 A 6 PERSONAS

Una de las mejores versiones para servir los camarones como aperitivo. En muy poco tiempo puedes crear un sabor espectacular en casa que a todos encantará. Además de que es bien nutritiva e ideal para cuando buscamos mantener una dieta sana y equilibrada, esta receta en particular me trae muchos recuerdos de mi niñez cuando visitaba a mi vecino y primer mentor, el señor David, los fines de semana. Recordando su particular receta a pura memoria de paladar, la escribí aquí para ustedes.

INGREDIENTES:

    aceite de oliva
    4 dientes de ajo picaditos
    ⅛ de cucharadita de pimienta roja entera
    8 unidades de camarón jumbo pelados
    2 cucharadas de brandy o de jerez
    1 cucharadita de perejil italiano picado
    1 taza de arroz blanco cocido

PREPARACIÓN:

Agrega un chorrito de aceite de oliva a un sartén y calienta. En el mismo sartén, agrega el ajo picadito; cuando empiece a dorarse, agrega la pimienta roja y los camarones. Saltea hasta que los camarones se tornen rosados, luego agrega el brandy o el jerez y flamea hasta reducir el alcohol, aproximadamente 2 minutos. Debe quedar con una consistencia espesa. Termina agregando perejil italiano al gusto y sirve con arroz blanco.

tip de chef james >> Si usas camarones grandes con cabeza, reserva las cabezas, y una vez que termines la preparación, exprime la sustancia dentro de la cabeza y mezcla con el aceite aromatizado en el que se cocieron los camarones, para hacer una salsa con un sabor espectacular a camarón.

sopa de calabaza y chile ancho

PARA 4 PERSONAS

En menos de 45 minutos podrás estar disfrutando de este delicioso platillo. Esta sopa es ideal para los días fríos, aunque te quedará tan buena que querrás comerla más a menudo. El toque picosito y dulce del chile ancho le da una gran riqueza al sabor de la calabaza, que será apreciada por todos en casa. Para hacerla, usé la receta de sopa de calabaza tradicional de mi madre, pero le di un toque de chile ancho para aplicarle una nota distinta de sabor.

INGREDIENTES:

2 libras de calabaza cortada en cubos de 1 pulgada y sin semillas

2 cucharadas de aceite de oliva

1 cebolla picada finamente

2 cucharadas de albahaca picada en tiras

1 cucharada de menta picadita, más un poco para decorar

1 cucharada de chile ancho en polvo

8 unidades de pimienta negra

2 ramas de canela

12 semillas de coriandro

4 tazas de caldo de pollo

2 cucharadas de crema

PREPARACIÓN:

En un horno precalentado a 375°F rostiza la calabaza hasta que puedas penetrarla facilmente con un cuchillo; mientras tanto, en una olla sopera comienza a saltear la cebolla, la albahaca, la menta, el chile, la pimienta, la canela, el coriandro y, una vez sudados, aproximadamente 3 o 4 minutos. Agrega la calabaza troceada seguida del caldo. Deja cocinar por unos 30 minutos a fuego lento y luego agrega la crema. Lleva a una licuadora, licua y sirve con un toque de menta.

mazorca a la parrilla con mayonesa de chipotle y queso cotija

PARA 4 PERSONAS

Por recetas como esta me encanta la cocina, y es que con ella podrás transformar unas simples mazorcas en toda una maravilla de la cocina «callejera» de muchos de nuestros países. Y lo mejor de todo es que las podrás hacer en muy poco tiempo y con ingredientes que puedes encontrar en todos lados. Puedes servirlas como aperitivos o como acompañantes cuando estés cocinando algo a la parrilla.

INGREDIENTES:

4 unidades de elote o maíz entero pelado

aceite de oliva

sal

pimienta

1 taza de mayonesa

jugo de 1 limón

3 chiles chipotles

2 cucharadas de miel

1 taza de queso Cotija molido

cilantro picadito

PREPARACIÓN:

Sazona el maíz con aceite de oliva, sal, pimienta y luego llévalo a una parrilla caliente o a un horno precalentado a 400˚F durante 10 o 12 minutos. Luego, en una licuadora agrega la mayonesa, el jugo de limón, el chipotle, la miel, y licua. Una vez tibio el maíz, usando una brocha de cocina, agrega la mayonesa de chipotle y luego espolvorea con el queso Cotija y el cilantro picadito por encima de cada mazorca.

sopa césar con pollo

PARA 4 PERSONAS

Deja que la creatividad se apodere de tu cocina porque esta vez transformaremos la receta de la tradicional ensalada César en una deliciosa sopa. Te sorprenderás al ver lo bien que sabe y cómo la lechuga que se percibe sin sabor en la ensalada le da un toque fantástico y característico. Si no me crees, pregúntaselo a Adamari López, fan número 1 de esta receta; tanto así que se tomó el tiempo de pedírmela antes de que sacara el libro, para prepararla en su casa.

INGREDIENTES:

2 cucharadas de aceite de oliva

1 papa picada

1 cebolla finamente picada

4 dientes de ajo machacados

sal

pimienta

3 tazas de caldo de pollo

2 unidades de lechuga romana cortada en pedazos

½ taza de crema de leche

¼ de taza de leche entera

2 pechugas de pollo rostizadas y cortadas en cubos

½ taza de queso parmesano rallado

1 taza de crutones con ajo

PREPARACIÓN:

En una olla honda a fuego medio alto añade el aceite de oliva y comienza a sudar la papa picadita junto con la cebolla y el ajo, y sazona con sal y pimienta. Cocina durante 3 o 5 minutos. Luego, agrega el caldo de pollo y lleva a que dé un hervor. Una vez que comience a hervir el caldo, agrega la lechuga romana cortada en pedazos y deja cocinar por unos 5 minutos. Cuando esté suave, procede a agregar la crema y la leche para así cocinar por unos 3 minutos más. Lleva toda la mezcla a una licuadora y sirve con trozos de pollo rostizado, queso parmesano y los crutones.

tortilla española

Un clásico de la cocina española que hoy se hace un espacio en tu mesa. Puedes servirlo como aperitivo e incluso como desayuno, como suele hacer mi madre en casa. Es importante picar las papas de manera uniforme, para que sea más fácil de comer, y cocinar bien a fuego lento para que la textura quede en su punto, crujiente por fuera y cremosita por dentro.

INGREDIENTES:

- ½ **taza de aceite de oliva**
- 1 **libra de papas en laminas finas**
- 1½ **cebolla amarilla cortada en Juliana**
- 6 **huevos**

PREPARACIÓN:

En un sartén comienza a freír las papas y las cebollas picadas finamente hasta que estén transparentes. Luego, lleva las cebollas y las papas a un colador y elimina el exceso de aceite. Mezcla las papas y la cebolla con los huevos —previamente batidos—, y lleva nuevamente al sartén. Cocina a fuego muy bajo por unos 35 a 40 minutos.

mis super nachos

PARA 6 A 8 PERSONAS

Esta receta nació por las ganas de querer dar a los nachos un toque fuera de lo convencional y una identidad única y más divertida. Me inspiré en una receta que probé alguna vez en un restaurante con un par de amigos, y de ahí sólo con la memoria del paladar la fui reconstruyendo y dándole mis propios toques hasta llegar a lo que estás por preparar. Ahora, es el aperitivo predilecto de los domingos en casa. ¡Sobre todo si hay algún partido!

INGREDIENTES:

1 chorizo *andouille* cortado en trozos de ½ pulgada

1 cebolla

4 dientes de ajo picados finamente

2 chiles rojos picados

½ libra de carne molida

2 cucharadas de pasta de tomate

1 taza de caldo de pollo

1 lata de 15 onzas de frijoles rojos, escurridas y lavados

1 bolsa de tortillas (*tortilla chips*)

queso mixto mexicano rallado

jalapeños

crema agria

cilantro

PREPARACIÓN:

En una olla saltea el chorizo, y luego retíralo. En la misma olla, saltea la cebolla, el ajo, los chiles rojos, agrega la carne, la pasta de tomate y el caldo de pollo. Regresa el chorizo a la olla y deja que se cocine por aproximadamente 40 minutos a fuego medio hasta que la mezcla se vuelva espesa. Faltando 10 minutos, agrega los frijoles. Retira la mezcla del fuego. En un platón coloca las tortillas y, por encima, el guiso de carne con chorizo. Espolvorear con el queso, el jalapeño picadito y finaliza con crema agria y cilantro.

un jardín de ensaladas

Solemos ver las ensaladas como platillos dietéticos, desabridos y sin mucho aporte a las comidas, más que su beneficio nutricional. Lamentablemente, esta reputación ha empujado a las ensaladas a ser unos platillos secundarios que no tienen mucha atención en el mundo culinario, y esto a su vez ha ocasionado que muchos restaurantes y personas todavía se conformen con servir como ensalada una pobre combinación de lechuga, tomate y cebolla. Y la verdad es que no los culpo; sin embargo, espero que al final de esta sección y después de probar estas recetas, veas las ensaladas como una oportunidad más donde puedes crear increíbles sabores y texturas.

Producto de mi adolescencia con sobrepeso, me dediqué a buscar y mejorar los sabores de las ensaladas. Cuando estaba intentando bajar de peso comía ensaladas noche tras noche y muy pronto me aburrí del sabor y decidí ver si podía descubrir una forma de hacerlas más interesantes. Entonces me puse a investigar y mientras más aprendía, más sabores y recetas fui creando e incorporando en mi repertorio. Y es que me rehusaba a aceptar que un platillo donde se pueden combinar tantos ingredientes, aromas y texturas, tuviera siempre el mismo sabor. Poco a poco fui perdiendo peso, y a la vez mejorando en esta área de la cocina.

113

El secreto para crear una buena ensalada es entender bien «qué va con qué» para crear combinaciones inesperadas y deliciosas. La vinagreta también es importantísima; este líquido glorioso que baña la mayoría de las ensaladas juega un papel protagónico y puede ser la diferencia entre un ¡wow! y una catástrofe culinaria.

Cuando se trata de ensaladas, como con todos los platillos, la calidad de los ingredientes es crucial, en especial porque estas pueden tener tantos ingredientes como desees. Aquí puedes beneficiarte de una visita a un mercado agrícola que te permitirá comprar productos frescos y que estén en temporada. Nada como la sensación de saber que algo que está en tu mesa para comer fue cosechado hace unas pocas horas.

protagonistas de una ensalada

Aunque no lo creas, una ensalada es mucho más que lechuga, tomate y cebolla. Hay un sinfín de ingredientes que puedes encontrar en ellas, y que van desde diferentes tipos de hojas, vegetales y tubérculos hasta diferentes tipos de carnes y quesos. Y por eso vale la pena que expanda un poco acerca de todos ellos antes de que te aventures a preparar estas deliciosas recetas en casa.

VARIEDADES DE HOJAS:

Las hojas verdes y de otros colores son la base de las mayoría de las ensaladas. Lo primero que diré es que hay que dejar de pensar que la lechuga es la única opción como base para una ensalada porque la verdad es que hay tanta variedad de hojas que puedes encontrar en cualquier supermercado, que las combinaciones que puedes hacer en casa son infinitas. A continuación te cuento un poco acerca de todo lo que puedes encontrar para hacer la base de tu ensalada:

- **Lechuga**: La lechuga tiene muchas variedades, pero las más comunes son la lechuga romana, la lechuga *iceberg*, la lechuga francesa y la lechuga batavia. En cuanto a la lechuga romana, es importante que sepas que es usualmente utilizada para la famosa ensalada César por su sabor ligeramente amargo. La lechuga *iceberg,* con forma similar al repollo y con hojas crujientes, es ideal para tacos y tingas de pollo. La lechuga francesa, también conocida como Boston, es ideal para ensaladas de origen oriental o tropical. Por último, la lechuga Batavia tiene una gama de colores que van del marrón hasta al rojizo y sus hojas tienen cierto rizado y su sabor es más amargo.

- **Espinacas**: A muchos les gusta usar esta espectacular hoja como base de las ensaladas. Las espinacas, sin cocinar, aportan a las ensalada un intenso color verde brillante. Cuando están frescas, su sabor y textura se combinan de manera perfecta con pasas, piñones, nueces, trocitos de tocino tostado y queso parmesano. Normalmente, se aderezan con vinagres balsámicos y aliños más dulces. ¡Ojo!: Una vez que esté vieja, pierde su sabor característico, así que presta atención a esto cuando la vayas a utilizar.

- **Rúcula**: La rúcula se ha puesto de moda últimamente, y cada vez la encontramos más en las cartas de restaurantes. Es una hoja con un sabor muy particular y que algunos podrían calificar como fuerte porque es un poco «pimentosa», por describirla de alguna manera. Cuando la utilices, debes tener cuidado de que no opaque el sabor de los otros condimentos. Se acostumbra mezclar con lo mismos ingredientes que se le agregan a las ensaladas de espinaca.

- **Repollo**: De todas las hojas, esta sin duda aportará un textura dura y dará ese agradable *crunch* a las ensaladas. Te recomiendo que la cortes en tiras alargadas y finas para que sea más fácil de masticar. También, al ser de textura dura y hasta un poco impermeable, es aconsejable que la adereces cerca de 20 minutos antes de servir para que absorba bien el sabor deseado. En mi experiencia, me he dado cuenta de que combina de manera espectacular con zanahorias, apio y queso.

- **Endivias o Endibias**: Opacas y de color blanco, verde y amarillo, esta variedad de hoja da un aspecto diferente al típico verde de las ensaladas. Tiene un sabor fresco y un poco amargo, lo cual la hace una buena compañera de quesos azules, nueces, caviar y alcaparras, por mencionar algunos ingredientes.

PREPARACIÓN DE LAS HOJAS:

He dejado muchas variedades de hojas afuera porque son menos comunes, pero como puedes ver, hay una gran variedad. Te invito a que intentes crear ensaladas con todas las variedades que encuentres en tu mercado agrícola o supermercado, y verás cómo muy pronto estarás descubriendo nuevos sabores y combinaciones. Esa es la belleza de la culinaria, ¡siempre se puede descubrir algo nuevo!

Ya que tienes un mejor entendimiento de la base de las ensaladas, tenemos que hablar de cómo prepararlas. Lo primero que debemos hacer con estas hojas es lavarlas bien antes de comerlas. Nunca se sabe qué insecticida o químico se les ha agregado, y por eso te recomiendo lavarlas siempre, ¡incluso si las compras en bolsas!

Puedes hacer esto de varias maneras, dependiendo de la cantidad de hojas que vayas a lavar. Una opción es: después de asegurarte de que tu fregadero está limpio, llénalo de agua y agrega las hojas. Luego, masajéalas suavemente en el agua para asegurarte que desprendan todo tipo de impureza. Hazlo con delicadeza ya que la mayoría de las hojas son muy frágiles.

La segunda forma en que recomiendo hacer esto es básicamente el mismo procedimiento del fregadero, pero a menor escala. Toma un recipiente de un tamaño acorde a las hojas que vayas a lavar y llénalo de agua. De la misma manera, dejar caer las hojas ahí y luego frótalas suavemente. Si ves mucho sucio en el fondo del recipiente después de hacer esto, cambia el agua y repite el proceso para asegurarte de que las hojas hayan quedado bien limpias. Una vez que hayas hecho esto, habrá llegado el momento de secar bien las hojas para que ningún residuo de agua diluya el aderezo al momento de servirla. De lo contrario, tendrás una ensalada de textura aguada y con un sabor débil.

Para secar las hojas de manera rápida, puedes usar un escurridor de ensaladas, pero si no tienes uno en casa, puedes utilizar hojas de papel toalla y envolverlas en ellas. Luego, agita el paquete para asegurarte de que estás sacando todo rastro de agua. Si notas que las hojas siguen mojadas, repite el proceso.

Después de hacer esto, las hojas ya estarán listas para que las utilices. Si no las vas a utilizar al momento, puedes guardarlas en un recipiente sellado y colocarlo en la nevera. ¡Estas se mantendrán frescas entre 2 y 4 días! Te recomiendo hacer esto un fin de semana cuando tengas un poco más de tiempo, de manera que cuando las quieras usar durante la semana ya las tengas listas y puedas seguir con tu rutina sin tener que lavarlas.

vegetales

Pueden formar parte de una ensalada en su forma cruda o cocida. ¡Lo que tu paladar decida! Unos de los más comunes que utilizarás en ellas son la cebolla, el maíz, el pepino, las aceitunas, los espárragos, y el calabacín, por mencionar sólo algunos de entre la infinidad de posibilidades que hay. Si los vas a añadir crudos, te recomiendo que los piques en trozos finos o que incluso los peles para que no sean muy difíciles de masticar y no estropeen la textura de tu ensalada.

Los vegetales son muy importantes cuando conforman ensaladas porque aparte de añadir sabor, influyen en la textura. Unas zanahorias crudas pueden dar un toque extra de *crunch* a cualquier ensalada, así como la suavidad de unos granos de maíz puede añadir frescura.

Quiero que te entusiasmes con las ensaladas porque son platillos donde reina la creatividad y que te permiten crear tus propias reglas en cuanto a sabores, texturas y aromas. Y con una buena combinación de vegetales, quién sabe qué gran ensalada puedes crear en casa.

> Ve las ensaladas como una oportunidad más donde puedes crear increíbles sabores y texturas

hierbas

Me gustan mucho porque cuando son bien utilizadas, se pueden realzar los sabores de los platillos sin necesidad de usar mucha sal. Ahora, hay que prestar atención al usarlas porque tienen tanto sabor que agregarlas en exceso opacaría el sabor de los platillos y su uso pasaría a ser perjudicial.

Las hierbas también son importantes al momento de preparar ensaladas porque al combinarse con los vegetales y las hojas, pueden dar un toque de sabor mágico a cualquier receta. La más comunes que utilizarás para las vinagretas o aderezos son la albahaca, el cilantro, el perejil, el romero, el orégano y la menta.

quesos

El queso puede participar en la ensalada como ingrediente o como parte del aderezo. En el mundo de las ensaladas es común el uso del queso parmesano y de los quesos azules. En el caso del queso parmesano, es un ingrediente estelar de la clásica ensalada César. Su sabor y textura le añade, sin duda, un toque sin igual.

Los quesos azules pueden ser utilizados como ingredientes en la misma ensalada, aunque también pueden ser protagonistas de los aderezos. Estos quesos por lo general cuentan con sabores fuertes y por lo tanto deben ser usados con moderación para no opacar el sabor de los otros ingredientes.

granos

Los hay de varias formas y colores lo cual hace que su presencia en ensaladas añada a la presentación de la misma. Los más comunes que podemos encontrar son el maíz, la quínoa, el trigo y el arroz. Usualmente se usan para agregar variedad a las ensaladas y dar al paladar diferentes texturas.

frutos secos

Se denomina fruto seco a los alimentos que tienen menos de un 50 por ciento de agua, y entre estos están las almendras, las nueces, los pistachos y las frutas deshidratadas, como las pasas, los dátiles y las ciruelas desecadas. Aportan a las ensaladas una variedad de sabores y texturas muy importante porque expanden el rango de sensaciones que puede existir en un paladar al momento de probar una de estas delicias.

A mí personalmente me gusta mucho añadir frutos secos a las ensaladas porque el crujido de una almendra, aunada a la cremosidad de un queso y el dulce de una fruta resultan en una combinación imbatible que nadie resiste. Como con todos los ingredientes que participan en una ensalada, la recomendación es siempre usarlos con moderación.

aderezos

¡Son un mundo en sí mismos! Con una gran variedad de tonos y sabores, añaden aún más posibilidades para que a las ensaladas les sobre el sabor y no pasen por aburridas o desabridas. Una buena manera de entender la importancia de los aderezos es pensar en ellos como si fueran el hilo conector que une todos los sabores de las hojas, los vegetales, los quesos, los frutos secos y las hierbas. Una ensalada simple con pocos ingredientes puede pasar a ser una ensalada excepcional con un buen aderezo.

Entre la gran variedad que existe de aderezos, estos se pueden clasificar en 3 grupos conocidos como: aderezos cremosos, vinagretas y aderezos *chunky*. Todos ellos tienen características específicas que los hacen los acompañantes perfectos para ciertas ensaladas.

- **Aderezos cremosos**: Como su nombre lo indica, estos tienden a ser aderezos blancos a base de crema, mayonesa, crema agria y yogurt, por nombrar algunos. Entre los más populares de este grupo podemos encontrar el aderezo César y el aderezo *ranch*.

- **Vinagretas**: Son aderezos mayormente transparentes y ligeros. Tienen como base un componente ácido y aceite, lo cual ayuda a darle su textura característica. Las vinagretas más conocidas son las vinagretas balsámicas, la vinagreta de mostaza y la vinagreta de vinagre de vino tinto.

- **Aderezos *chunky***: mayormente comparten la misma base de las vinagretas, pero luego se complementan con vegetales o hierbas picaditas para realzar su sabor y textura. Entre los más usados están: el ajo, la cebolla, el cilantro, el perejil y el romero.

A pesar de que en los supermercados puedes encontrar una gran variedad de aderezos de todas partes del mundo, te sugiero que siempre los prepares en casa. Nada como saber que estás creando un sabor único y que responde a lo que pide tu paladar en vez de estar dependiendo de las opciones disponibles en el estante. Además de que por menos dinero y sin gastar mucho tiempo puedes crear aderezos de altísima calidad desde la comodidad de tu casa. ¡Y en mi sección de ensaladas te tengo varias recetas de aderezos para que prepares y veas la diferencia!

INGREDIENTES DE UN BUEN ADEREZO BÁSICO:

Puedes preparar un buen aderezo con ingredientes que tengas a la mano en casa. En mis restaurantes y en mi hogar, la regla que sigo al momento de prepararlos es tratar de mantener una proporción de 1 parte de vinagre por 2 partes de aceite, aunque la mayoría

de los chefs usa 1 parte de vinagre por 3 de aceite. A mi parecer la proporción de 1 parte de vinagre por 2 de aceite le da un poco más de sabor y presencia a la vinagreta. Además, esta mezcla crea un balance muy agradable al mismo tiempo que acompaña de manera perfecta las ensaladas. Para realzar los sabores también añado una pizca de sal y pimienta, y luego paso a mezclar todos los ingredientes en un recipiente.

Para lograr que los ingredientes del aderezo se queden mezclados por más tiempo, es importante que dediques unos cuantos minutos a mezclarlos bien. Otra gran ventaja de este aderezo básico es que se mantendrá fresco por mucho tiempo en el refrigerador, a menos de que le hayas agregado algún producto lácteo o alguna hierba. De ser así, te recomiendo que no lo guardes por más de un día.

cómo combinar sabores

El secreto para crear una ensalada que tenga el factor *¡wow!* está en la combinación de sabores y texturas. Ahora que ya tienes una mejor idea de todo lo que puede componer una ensalada, es importante entender cómo puedes hacer para que la combinación de sus ingredientes sea espectacular. Por supuesto, esto va a depender un poco de tus gustos y exigencias, pero aquí te guío de acuerdo con mi experiencia, para que combines todo esto de la mejor manera.

En mi caso, siempre me ha gustado mezclar sabores dulces con salados porque se gana mucho en la combinación de estos. Un ejemplo perfecto es la deliciosa ensalada de sandía (o patilla), tomate y queso feta que podrás encontrar más adelante, donde el dulce de la sandía se realza con lo salado del queso feta. También, soy de los que cree que un juego de texturas puede hacer que una ensalada sea mucho más apetitosa. Te acordarás de esto cuando pruebes la deliciosa ensalada de mariscos a la parrilla con aguacate y mango, en la que combino la cremosidad del aguacate con lo tostadito de los camarones, para que dejes a todos con la boca abierta.

Para finalizar con esta introducción, me falta explicarte un poco acerca de la combinación del ingrediente que puede hacer que todo se afine perfectamente: el aderezo. Lo primero que hay que hacer es recordar que sólo debes agregar el aderezo a la ensalada justo antes de servir, de lo contrario acabarás con una ensalada aguada. Debes tratar de bañar todos los ingredientes con un poco de aderezo para mantener el sabor uniforme en cada bocado. Una manera de garantizar esto es colocando el aderezo en un recipiente y agregando la ensalada. Después de hacerlo, es el momento de poner manos a la obra ¡literalmente! Con mucho cuidado, utilizarás tus manos para rotar la ensalada dentro del recipiente y asegurarte de que todo esté cubierto por el delicioso aderezo.

Un juego de texturas puede hacer
que una ensalada sea mucho más
apetitosa

ensalada de garbanzos con queso feta

PARA 4 PERSONAS

Esta receta, aparte de ser deliciosa, es super nutritiva. La puedes preparar en muy poco tiempo y es ideal para cualquier época del año. A diferencia de otras ensaladas convencionales, esta al tener legumbres como el garbanzo, que está lleno de fibras, te mantendrá satisfecho por mucho tiempo. Lo interesante es que podrás servirla fría y es fantástica. Y para mis vegetarianos, esta receta es ideal como plato principal.

INGREDIENTES:

4 unidades de pan pita

aceite de oliva

1 cebolla morada picada finamente

2 dientes de ajo picados finamente

½ cucharadita de comino

½ cucharadita de páprika

½ cucharadita de pimienta de Cayena

½ libra de garbanzos

cáscara y jugo de 1 limón

1 cucharada de perejil picado

4 onzas de queso feta

PREPARACIÓN:

En un sartén a fuego medio, coloca el pan pita previamente barnizado con aceite de oliva, y tuéstalo.

Mientras tanto, en otro sartén agrega un chorrito de aceite de oliva y comienza a saltear la cebolla, el ajo y las especias. Una vez sudados, agrega los garbanzos y continúa salteando, luego agrega la cáscara y el jugo de limón y saltea por 2 minutos más. En seguida, agrega el perejil, después mezcla y retira del fuego. Para finalizar, agrega un chorrito de aceite de oliva, el queso feta y sirve con el pan pita tostado.

ensalada de quínoa con aguacate

PARA 4 PERSONAS

A partir del año 2000 empecé a ver y escuchar más frecuentemente acerca de este ingrediente llamado quínoa que venía de países como Perú y Bolivia. Alrededor de 2005, este particular ingrediente comenzó a tomar una gran popularidad por su contenido nutricional, y alrededor de todo el mundo comenzó a ser servido como sustituto del arroz. A pesar de que así funciona muy bien, quise en este caso darle un uso poco común, con sabores que vienen de otro continente, y creé así un mestizaje de culturas en esta ensalada. La cremosidad proveniente del aguacate, la intensidad y el perfume del jengibre y el toque de cilantro elevan la frescura de esta ensalada.

INGREDIENTES:

- 1 taza de quínoa roja
- 1 taza de edamame pelados
- 1 pepino cortado en cubos de ½ pulgada
- 2 aguacates picados en cubos de ½ pulgada
- 2 cebollines picados finamente
- 2 cucharadas de cilantro picado
- 1 cucharadita de jengibre picado
- 1 cucharada de aceite de sésamo
- 2 cucharadas de vinagre de arroz
- 2 cucharadas de soya

PREPARACIÓN:

Agrega en una olla la quínoa y cocina con la tapa puesta por unos 15 minutos. Luego apártala del fuego y déjala reposar por 5 minutos. Mientras tanto, en un recipiente puedes ir mezclando el resto de los ingredientes. Después de que la quínoa haya reposado, agrégala al recipiente, mezcla la ensalada una vez más y ya está lista para servir.

tip de chef james >> Enjuaga la quínoa antes de utilizarla para eliminar el polvillo que recubre cada una de las semillas y así evitar el sabor amargo que este desprende.

ensalada de mariscos a la parrilla con aguacate y mango

PARA 4 PERSONAS

Cuando mi familia y yo nos mudamos a los Estados Unidos, trabajábamos muy duro: 7 días a la semana y por muchas horas para poder salir adelante. En estas épocas veíamos a los mariscos como algo muy costoso, hasta que un día un buen amigo me recomendó visitar una pescadería local en Miami que estaba cerca del río Miami, donde vendían mariscos frescos por precios muy accesibles. Desde que encontré este lugar, traté de comprar mariscos y prepararlos de alguna manera. Aquí incluyo algunos sabores de productos muy propios de nuestra Latinoamérica.

INGREDIENTES:

½ libra de camarones pelados

½ libra de calamar (opcional)

¼ libra de vieiras mini

2 aguacates criollos

1 tomate

1 mango maduro picado en cubos

1 chalote

cáscara y jugo de 1 limón

cilantro picado finamente

2 cucharadas de vinagre blanco

1 chorrito de salsa picante

1 cucharada de mayonesa casera

PREPARACIÓN:

Sazona los mariscos con sal, pimienta y aceite de oliva, llévalos a una parrilla o sartén caliente para cocinar por no más de 3 minutos y retíralos. Corta las aguacates a la mitad, retira las semillas y picalos en cubitos. Luego, en un recipiente de vidrio, echa el tomate, el mango y el chalote en cubitos, mézclalos y sazónalos con limón, cilantro picadito, vinagre, salsa picante, sal, mayonesa, y sírvelos sobre el aguacate.

ensalada niçoise con atún

PARA 4 PERSONAS

Si estabas inseguro acerca de cómo pronunciar el nombre de esta ensalada, te cuento que se pronuncia *nisuás*. Es muy tradicional de la cocina francesa, que honestamente yo al principio no entendía mucho que digamos, puesto que es una ensalada donde todo se sirve por separado. Tomates, cebollas, aceitunas, atún en lata, y la verdad no me resultaba lógica. Quise modernizarla aprovechando al máximo los mismos elementos de la tradicional pero con mi toque personal. Recuerda tratar de utilizar ingredientes frescos, y si la vas a refrigerar para servir después, recuerda no agregar el aderezo, para mantenerla fresca por más tiempo.

INGREDIENTES:

- 3 lomos de atún fresco
- 1 lata de aceitunas negras kalamata
- 1 lata de aceitunas verdes con hueso
- 2 cucharadas de alcaparras picadas
- ½ libra de tomates cherry cortados por la mitad
- aceite de oliva
- ½ limón amarillo
- ¼ taza de perejil italiano picado, para decorar

PREPARACIÓN:

En un sartén o en una parrillera para interiores, sella el lomo de atún.

En un tazón coloca las aceitunas, las alcaparras picadas y los tomates cortados a la mitad. Adereza con aceite de oliva, sal, pimienta negra y un chorrito de limón.

Retira el atún de la parrillera, corta en láminas y luego colócale la mezcla de aceitunas por encima y decora con perejil.

ensalada de hinojo con salmón y vinagreta de miel

PARA 4 PERSONAS

Esta fue una de las primeras ensaladas que preparé en la televisión, muy llamativa y fácil de hacer. El hinojo da unas notas leves de sabor a anís muy interesantes al salmón. Y si tienes el tiempo, puedes dorarlo en un sartén para repotenciar aún más su sabor. En el programa le encantó a todo el mundo y estoy seguro de que en casa esta receta te alegrará la vista y el paladar.

INGREDIENTES:

¾ de libra de salmón

½ libra de rúcula

1 cucharada de cebolla morada picada

1 calabacín en cintas delgadas

hinojo cortado en rodajas finas

cáscara de 1 limón

1 cucharada de eneldo fresco picado finamente

sal

pimienta

¼ de taza aceite de oliva

1 cucharada de vinagre blanco

2 cucharadas de miel

jugo de ½ limón

¼ de taza de almendras fileteadas tostadas

PREPARACIÓN:

Corta el salmón en cubos de 1 pulgada y sella rápidamente, manteniendo el interior de los cubos crudo. Luego, en un tazón mezcla el resto de los ingredientes sólidos, excepto las almendras, y sazona con sal, pimienta, aceite, vinagre, miel, cáscara de limón y eneldo fresco. Agrega las almendras, el salmón y sirve.

ensalada de pollo, rúcula y crutones

PARA 4 PERSONAS

Me llamaba tremendamente la atención el tema de que cuando me comía una ensalada y me servían los crutones (cubitos de pan tostado) siempre llegaban desbordando y pensé: «¿Por qué comprar una ensalada en un restaurante cuando puedo hacerla, y mejor?». Y en este caso quise preparar una ensalada donde los crutones tuvieran su protagonismo, que el pollo también brillara y, por supuesto, con una vinagreta de gran sabor. ¡Esta es una de esas recetas rústicas, caseras, como me gustan a mí!

INGREDIENTES:

5 encuentros o cuadriles de pollo, con piel (reserva los jugos del pollo sobrantes en la bandeja después de hornear)

1 taza de rúcula

⅛ de taza de vinagre de vino rojo

¼ de taza de aceite de oliva

¼ de taza de almendras tostadas (fileteadas)

1 cucharadita de mostaza Dijon

1 diente de ajo triturado

PARA LOS CRUTONES:

1 libra de pan viejo (*rye bread*)

½ taza de aceite de oliva

2 cucharadas de orégano seco

2 cucharadas de tomillo seco

2 cucharadas de romero seco

2 cucharadas de albahaca seca

pimienta

2 cucharadas de ajo en polvo

sal

PREPARACIÓN:

En una bandeja, coloca los encuentros de pollo y sazona con sal y pimienta. Lleva a un horno precalentado previamente a 375˚F y cocina por 25 minutos. Deja enfriar y luego mezcla con el resto de los ingredientes en un recipiente de ensaladas.

Para los crutones, corta el pan en cuadros de 1 pulgada de grosor, y en un recipiente mezcla ½ taza de aceite de oliva con las hierbas, la pimienta, el ajo y la sal. Luego, con una brocha cubre la mayor parte de la superficie de los cubos de pan y lleva al horno precalentado a 400˚F por unos 12 a 15 minutos.

tip de chef james >> Agrega el aderezo a la ensalada y mezcla muy bien todos los ingredientes. Luego, procede a agregar los crutones; así evitarás que estos se mojen y pierdan su textura crocante.

ensalada de palmito

PARA 4 PERSONAS

Conforme fui viajando por el mundo, empecé a notar que hay similitudes en nuestras culturas, así estén separadas por miles de millas. En casa, cuando era niño acostumbrábamos hacer parrillas los domingos y la ensalada que no podía faltar era justamente esta. Siendo un ingrediente producido mayormente en América del Sur, es consumido alrededor de todo el mundo, así que no tendrás problema en encontrarlo en tu supermercado local. Siempre lo había comido en restaurantes o en casa de familia, pero para mi sorpresa en uno de mis viajes a México, en un puesto de comida en la calle, me sirvieron una vez una ensalada exactamente igual a la que preparaban mamá y papá en casa, servida en un vasito de plástico. Interesante, ¿no? Esto demuestra que la comida no tiene barreras y que el ingenio de la gente nunca parará de asombrarnos.

INGREDIENTES:

¼ de taza de vinagre de jerez

1 cucharadita de mostaza Dijon

1 diente de ajo machacado

½ taza de aceite de oliva

sal

pimienta

1 cebolla picada en Juliana

3 tomates picados en cubos

2 tazas de palmito picado en ruedas

¼ de taza de perejil picadito

¼ de taza de cilantro picado finamente

PREPARACIÓN:

En un recipiente pequeño, agrega el vinagre seguido de la mostaza y el diente de ajo machacado, y con un tenedor comienza a mezclar. Luego, poco a poco ve agregando el aceite de oliva para formar así una vinagreta cremosa. Sazona con sal y pimienta y deja a un lado.

Luego, en otro recipiente grande agrega la cebolla, el tomate y los palmitos, seguido del perejil y el cilantro y, por último, la vinagreta. Mezcla bien y sirve.

ensalada tibia de maíz

PARA 2 PERSONAS

Esta ensalada se sale de lo convencional al tener una temperatura tibia y la verdad es que sí que tiene buen sabor. Además, es tan fácil de hacer que es ideal para incluir a los pequeños de la casa en las actividades de la cocina. Esta receta en particular me encanta prepararla durante un fin de semana, en el patio de la casa con la parrilla bien encendida. Los hierros de la parrilla queman de manera fantástica algunos de los lados del maíz, concentrando así el sabor y dando una nota ahumada que se mezcla perfectamente con los demás condimentos de esta mágica ensalada.

INGREDIENTES:

4 mazorcas peladas

1 tomate en cubos

1 pimiento rostizado picado

½ cebolla morada picado finamente

3 ramas de cebollín finamente picado

½ libra de queso mexicano picado en cubitos

1 chile serrano picado

2 cucharadas de cilantro picado

PARA LA VINAGRETA:

2 dientes de ajo machacados

½ taza de aceite de oliva

1 cucharada de mostaza Dijon

Jugo de 3 limones verdes

PREPARACIÓN:

Dora las mazorcas en una parrilla caliente por unos 20 minutos volteándolas de vez en cuando. Desgránalas. En una licuadora, agrega todos los ingredientes de la vinagreta y procesa por unos 2 minutos.

En un recipiente, agrega el resto de los ingredientes, picaditos, y mezcla con la vinagreta al gusto.

ensalada caprese con champiñones portobello

PARA 4 PERSONAS

Después de haber probado esta receta, nunca volverás a comer la ensalada caprese convencional. Los champiñones portobello añaden una gran textura a la ensalada sin restarle frescura. Aparte, este detalle suma mucho a la presentación y lucirás como todo un chef estrella al servirla. ¡Perfecta para que te luzcas en una cena romántica!

INGREDIENTES:

4 hongos portobello

½ taza de vinagre balsámico

1 libra de mozzarella fresca de búfala cortada en rebanadas de 1 pulgada

2 tomates en rebanadas de 1 pulgada

un manojo de albahaca

PREPARACIÓN:

En un horno a 350°F cocina los portobello por unos 7 minutos. Luego, déjalos reposar por unos 10 minutos. En una olla a fuego medio, reduce el vinagre balsámico hasta que se convierta en un glaseado o sirope.

Sirve apilando los ingredientes. Básicamente, irás construyendo una torrecita con los hongos, el queso mozzarella la albahaca y el tomate. Una vez hecho esto, agrega el glaseado de vinagre por encima.

tip de chef james >>
Al momento de elegir los hongos portobello, fíjate que su capa exterior esté seca y firme. Si tiene partes muy blandas, entonces no está fresco.

ensalada de sandía, tomate y queso feta

PARA 4 PERSONAS

Esta es probablemente una de las ensaladas más refrescantes que he comido. Perfecta para comer en el patio de la casa durante un día caluroso. Aunque no lo creas, esta receta te hará exponer tu paladar a nuevas combinaciones de sabores. La adición de la sandía a ingredientes comunes de la ensalada como el tomate y el queso feta hace que esta receta tenga un sabor nuevo y sin igual. También puedes prepararla rápidamente después de un largo día de trabajo y usarla como alternativa para la cena.

INGREDIENTES:

2 tomates picados en cubos

1 taza de sandía picada en cubos

½ cebolla morada picada en tiras

½ taza de queso feta en trozos

2 cucharadas de albahaca picada

2 cucharadas de menta picada

sal

plmienta

2 o 3 cucharadas de aceite de oliva

jugo de 1 limón

PREPARACIÓN:

En un tazón, agrega todos los ingredientes sólidos, sazona con sal y pimienta negra. Después, agrega el aceite de oliva, y el jugo de limón, mezcla bien y sirve.

ensalada tibia de alcachofas con chiles y vinagreta de toronja

PARA 4 PERSONAS

Te sorprenderá todo el sabor que tiene esta deliciosa ensalada. Me gusta mucho porque no es la típica ensalada aburrida con lechuga, tomate y cebolla que se come en todos lados. ¡Aquí estamos creando sabores! Los ácidos de la vinagreta de toronja con el sabor único de la alcachofa hacen una combinación inolvidable que puedes preparar en casa en muy poco tiempo. Además, al ser tibia también le da otra dimensión al mundo de las ensaladas.

INGREDIENTES:

4 cucharadas de aceite de oliva y un poco más para el sartén

3 chiles rojos

1 libra de bases de alcachofas

3 cebollines finamente

jugo de 1 limón

jugo de 1 toronja

1 cucharadita de mostaza Dijon

½ cebolla morada cortada en Juliana

20 tomates cherry rojos y amarillos picados por la mitad

10 pedazos de toronja pelados

PREPARACIÓN:

En un sartén a fuego medio alto, saltea los chiles con las alcachofas y los cebollines por 2 minutos. Luego, en una licuadora agrega el aceite, el jugo de limón, el jugo de toronja, la mostaza Dijon y procesa hasta crear un aderezo cremoso. En otro recipiente, mezcla el salteado inicial junto con el aderezo y agrega la cebolla, los tomates cherry y los pedazos de toronja. Una vez hecho esto, pasa a servir.

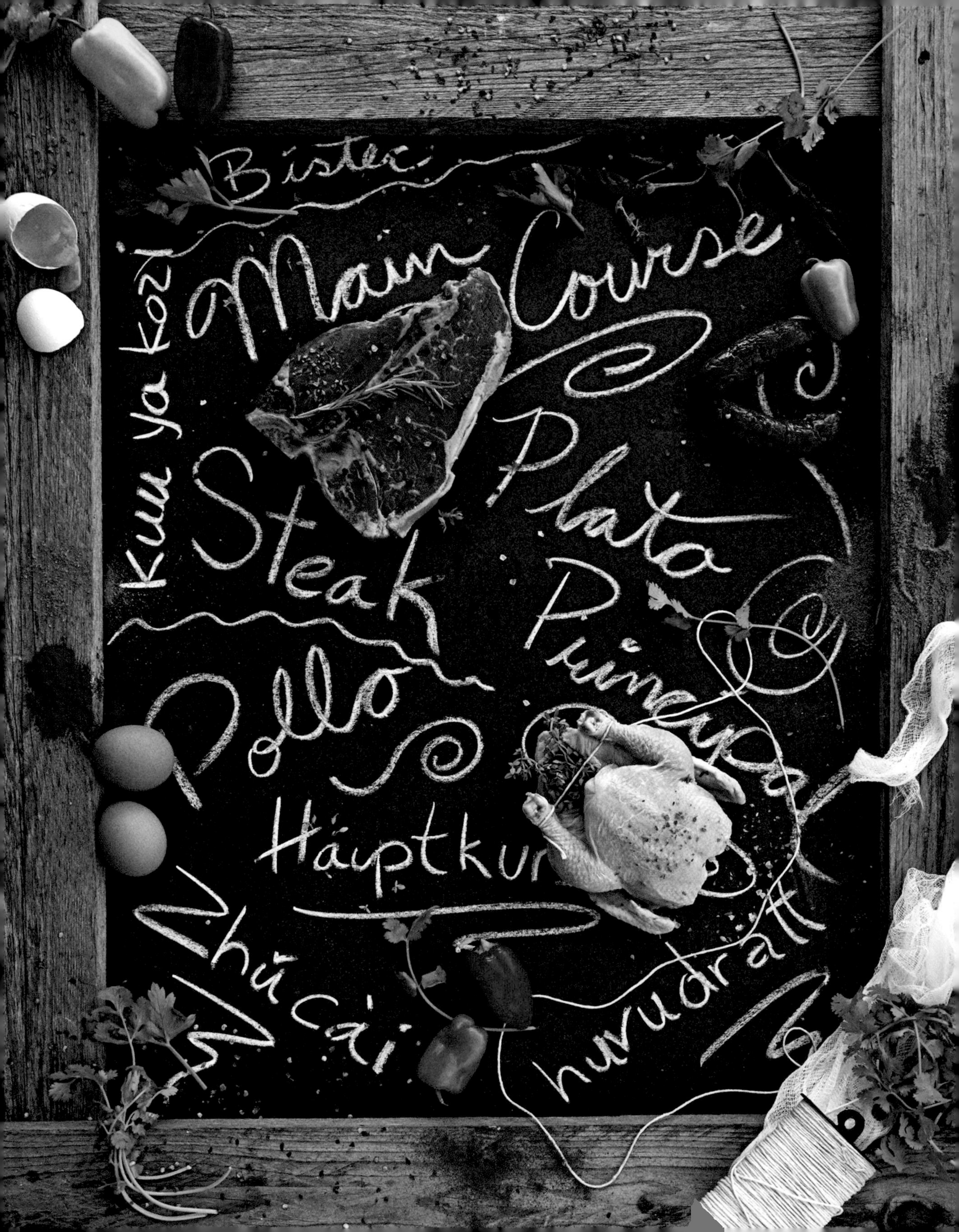
Bistec
Main Course
kuu ya kozi
Steak
Plata
Pollo

platos principales

Hemos llegado a lo que muchos consideran como el clímax de las comidas: después de todo, la función de todos los platos anteriores a este es la de preparar a las personas para lo que van a comer en esta sección. También conocidos como segundos platos o platos fuertes, estos son los más contundentes de la comida y suelen estar compuestos por alguna carne de animal, vegetales o por un buen plato de pasta o risotto.

Soy de los que piensa que cada platillo de una comida es una oportunidad fantástica para impresionar a cualquiera, pero debo admitir que los platos principales son, generalmente, por los que un chef recibe más halagos. Creo que esto se debe a que son unos de los platos más populares y conocidos a nivel mundial, tanto así que hasta se convierten en patrimonios nacionales de los países. ¡Así de poderosa es la comida! Y es que pónganse a pensar, ¿quién puede pensar en una paella sin pensar en España? ¿Una bandeja paisa sin pensar en Colombia? ¿O unos tacos sin pensar en México? Sin duda que no mucha gente.

A pesar de ser, normalmente, los platos más elaborados, no debes sentirte intimidado a la hora de prepararlos. Al contrario, entusiásmate de saber que pronto recibirás grandes cumplidos y te impresionarás viendo lo bien que puedes cocinarlos. He seleccionado una buena variedad de recetas para que puedas preparar con frecuencia platos diferentes; la mayoría son super rápidos de hacer, y no por ello sacrificas el sabor. Además, los dividí en 3 secciones para que puedas encontrar más fácil los platillos que se te antojen. Por último, incluí información que te será muy valiosa para prepararte a cocinar las recetas, ¡así que no te adelantes a ellas todavía!

de la tierra

Te expliqué anteriormente cómo elegir los mejores cortes de carne fresca en el supermercado y carnicería, y ya estamos muy cerquita de empezar a prepararla. Sin embargo, antes de que te aventures a cocinar estos deliciosos platillos de la tierra que he seleccionado para ti, quiero hablarte un poco acerca de cómo cocinar la carne apropiadamente. Y es que después de haber logrado elegir un gran corte de carne, la única manera de hacerle justicia es cocinándolo de la manera que mejor resalte su sabor.

Para entender mejor cómo cocinar la carne, debemos aprender un poco de las características de los diferentes cortes ya que cada uno de ellos tiene una manera predilecta para ser cocinado. Esto se debe a que diferentes cortes pueden ser más duros que otros; por ejemplo, los hombros, el rabo y la paleta tienden a ser cortes que salen de las partes que el animal utiliza más, y por eso son más duros. La mejor manera de cocinarlos es a través de una cocción lenta y por largo tiempo para suavizarlos. Entre los métodos de cocción más populares que se utilizan para cocinar estos estilos de corte encontramos: rostizados al horno y con olla de cocción lenta. Eso sí, todo este largo tiempo de cocción es bien recompensado porque pasan de ser una carne dura y fibrosa a una carne tan suave que prácticamente se derrite en tu boca, algo que lo ha convertido en uno de mis métodos de cocción favoritos.

Por otro lado, los cortes que salen de la espalda del animal son, por lo general, los más suaves porque el animal casi no los utiliza. Entre estos tenemos el lomo, el bistec y el chuletón. Todos estos cortes tienden a ser cocinados de manera más rápida en forma de filetes y pueden ser servidos incluso un poco crudos, dependiendo del gusto de quien los coma. Entre los métodos de cocción recomendados están: a la parrilla, a la plancha o freídos con aceite o mantequilla en un sartén. Si no vas a marinar uno de estos cortes antes de cocinar, te recomiendo salarlos después de que los cocines. De lo contrario, la sal deshidratará la carne y una vez que la cocines esta quedará seca.

En cuanto a la carne de pollo, también puedes utilizar cualquiera de los métodos que menciono anteriormente. Esto se debe a que la carne de pollo es muy versátil a la hora de cocinar y, al no ser tan dura, puedes cocinarla de la manera que se te antoje. Otro punto que vale la pena mencionar es que a pesar de que la carne de pollo nunca será tan dura como la carne de res o de cerdo, si el pollo es un poco mayor, su carne puede estar un poco dura. En este caso sí te recomiendo que uses un método de cocción lento.

En mi caso particular, soy amante de la carne, y si tuviera que elegir me inclinaría más hacia los cortes duros fibrosos y económicos. Siento que cada minuto que pasan cocinándose los hacen más increíbles; aunque tenga que esperar un poco más, los resultados me brindan tal satisfacción que hace que valga la pena la espera. Ahora, para preparar en casa durante la semana te recomiendo que uses cortes más suaves. Me parecen más fáciles de manejar y rápidos de cocinar, algo que te permitirá utilizar el tiempo en la cocina más eficientemente. Para ayudarte a tener variedad, he incluido cortes de carne más suaves en la mayoría de mis recetas. ¡Pronto los estarás preparando en tu propia cocina, de manera veloz y con un gran sabor!

...cada platillo de una comida es una oportunidad fantástica para impresionar...

términos de la carne

Hay quienes comen la carne de res casi cruda y otros la comen bien cocida; aquí sí que todo depende de las preferencias de quien la coma. Sin embargo, quiero que conozcas las diferencias que existen entre todos los términos de la carne para que la puedas servir en casa de cualquier manera. Esto te ahorrará frustraciones en grandes reuniones familiares o de amigos, y te permitirá complacer hasta el más difícil paladar.

Recuerda que antes de cocinar la carne, esta debe estar bien descongelada y a temperatura ambiente. Eso te ayudará a garantizar que se cocine uniformemente a lo largo del corte. Y si las vas a marinar, te recomiendo que lo hagas mientras esté cruda.

- **Término rojo**: Por lo general, se demora alrededor de unos 3 minutos llevar un corte de carne a este término. La temperatura en el centro del corte debe estar alrededor de los 131°F, y su color es un rojo vivo. Este término se caracteriza por estar bien sellado a ambos lados y tener el centro crudo. La textura de la carne aquí es suave, pero es importante tener en cuenta que esta temperatura se usa mayormente para cortes muy bajos en grasa, ya que la grasa no llega a derretirse y puede quedarse sólida.

- **Medio**: ¡Este es mi término favorito! Tardarás aproximadamente 6 minutos para cocinar la carne a este punto. Para este término, la temperatura en el centro del corte debe estar alrededor de los 145°F y su color debe ser rojo rosado. En cuanto a la textura de la carne, notarás una ligera resistencia.

■ **Tres cuartos**: Hay mucha gente que prefiere la carne en este punto porque mantiene una consistencia firme, pero sin ser muy dura, y ya sin rastros de sangre. Habitualmente, tendrás que cocinar el corte de carne por aproximadamente 8 minutos para alcanzar este término. Fíjate que el color aquí será café claro, mientras que la temperatura del centro de la carne estará alrededor de unos 150°F.

■ **Bien cocido**: Este también es conocido en varios países latinoamericanos como el término «suela de zapato» porque la carne pierde gran parte de su jugosidad y su textura pasa a ser muy dura. Su color característico aquí es el gris y la temperatura de su centro está cerca de los 158°F. Te llevará de 10 a 12 minutos cocinar un corte de carne a este punto. Particularmente, es el término que menos recomiendo para cortes de carne a la parrilla.

Ahora que ya sabes un poco más acerca de la carne, es tiempo de que pases de la teoría a la práctica. ¡No te olvides de cocinar con mucha pasión y sin temor a equivocarte!

enrollados de lechuga y pavo molido

PARA 4 PERSONAS

Una de las cosas que siempre escuchamos es que la comida saludable es aburrida y que a su vez no sabe a nada. En este caso, ¡esta receta rompe con ese mito! La crujiente lechuga *iceberg*, en combinación con la salsa de soya concentrada, complementan de manera perfecta la textura y el sabor del pavo. Es mi receta predilecta para esos días donde quiero comer sabroso y sano en minutos.

INGREDIENTES:

- ½ cebolla picadita
- 2 onzas de champiñones cortados
- 1 cucharada de ajo machacado
- ½ libra de pavo molido
- 2 cucharadas de salsa de soya
- 1 cucharada de vinagre de arroz
- 1 lechuga *iceberg*

PREPARACIÓN:

En un sartén a fuego alto, saltea la cebolla y los champiñones, luego agrega el ajo y el pavo, sazona con salsa de soya y vinagre. Cocina hasta que el pavo esté bien doradito y deja a un lado. Sirve sobre lechuga *iceberg*.

bistec en salsa de crema y pimienta (steak au poivre)

PARA 2 PERSONAS

Esta receta es una de esas que he mantenido en mi repertorio con el paso de los años. Una receta clásica de la cocina francesa, pero que para mí es el verdadero ejemplo de lo que puede ser comida rápida de calidad. La textura tierna de los filetes de carne junto con la cremosidad de la salsa le hacen agua la boca a cualquiera. Lo mejor de todo es que los puedes preparar de principio a fin en tan sólo 10 minutos.

INGREDIENTES:

2 filetes gruesos (preferiblemente *New York strip*)
¼ de taza de salsa inglesa
1 taza de crema de leche
pimienta verde entera

PREPARACIÓN:

Para comenzar, toma un sartén a fuego alto y sella los filetes hasta crear una superficie crocante. Retira y coloca en un recipiente aparte. Cocina la salsa inglesa en el sartén donde sellaste los filetes y a fuego alto, redúcelo a ¾ partes y agrega la crema y la pimienta verde. Reduce nuevamente a la mitad y, una vez hecho esto, regresa los filetes al sartén a fuego alto. Deja reposar 2 minutos y ya estarán listos para servir.

tip de chef james >> Deja reposar los bistecs a temperatura ambiente antes de pasarlos al sartén para garantizar un sellado perfecto. Esto ayudará a mantener la temperatura del sartén alta aún después de que entre en contacto con la carne.

albóndigas napolitanas

PARA 6 PERSONAS

Aquí damos un paso hacia Europa para que en muy poco tiempo tu boca y la de tus seres queridos estén probando una delicia digna de las mejores cocinas de Italia. Personalmente, pienso que este es un ejemplo perfecto de esos platillos rústicos que puedes servir en el medio de la mesa y comer en familia. Incluí un par de datos que harán que prepares esta receta acortando el tiempo de manera significativa. Te advierto que en mi casa les encanta que las prepare y siempre me piden doble porción, así que prepárate porque seguramente te pasará lo mismo.

INGREDIENTES:

2 libras de carne molida

2 huevos

4 dientes de ajo machacados

¼ de taza de aceite de oliva

1 taza de empanizado italiano

½ taza de queso pecorino romano rallado

¼ de taza de piñones tostados

2 cucharadas de perejil picadito

PARA LA MARINARA:

½ taza de aceite de oliva

2 cebollas picados finamente

2 dientes de ajo machacados

2 zanahorias picadas finamente

2 ramilletes de apio picado finamente

4 hojas de laurel

2 chiles chipotle licuados

2 latas de 32 onzas de tomate triturado

1 taza de agua

PREPARACIÓN:

Para hacer las albóndigas, mezcla bien los ingredientes en un recipiente, luego haz unas bolitas del tamaño de una bola de golf, aproximadamente. En seguida, lleva a una bandeja forrada en papel aluminio y después a un horno precalentado a 450˚F por 20 minutos para que se doren.

Mientras tanto, en una olla agrega el aceite de oliva seguido por la cebolla, el ajo y luego la zanahoria y el apio. Cocina por unos 4 minutos evitando en lo posible que caramelicen.

A continuación, agrega las hojas de laurel, el chipotle, los tomates y 1 taza de agua. Cocina por una media hora a fuego medio alto para concentrar los sabores. Luego, lleva las albóndigas a la salsa y deja cocinar 15 minutitos más.

tip de chef james >> La preparación al horno de las albóndigas acorta por lo menos unos 20 minutos el tiempo de preparación de esta receta. Normalmente tendrías que estar dorándolas en tandas en el sartén y girándolas constantemente. En cambio, el horno hace la labor mucho mas fácil, rápida y conveniente.

Carne con pimientos verdes en salsa hoisin

PARA 4 PERSONAS

Se requiere de pocos ingredientes para preparar una receta exactamente igual a la que te sirven en el restaurante chino de la esquina. El sabor de la carne es complementado muy bien por la salsa hoisin, un condimento muy utilizado en la gastronomía asiática que combina sabores dulces, picantes y salados. Hoy en día, se encuentra en todos lados y es una salsa de sabores intensos, así que úsala en pequeñas cantidades Lo bueno de esta receta es que al ser fácil y rápida de preparar, la puedes hacer cualquier día de la semana, logrando así que la falta de tiempo no sea una excusa para no comer bien.

INGREDIENTES:

    aceite de oliva
    1 libra de churrasco cortado en tiras
    2 pimientos verdes en tiras
    2 dientes de ajo picados
    2 cucharadas de aceite de sésamo
    1 cebolla cortada en Juliana
    6 cucharadas de salsa hoisin

PREPARACIÓN:

En un sartén, agrega un chorrito de aceite de oliva y comienza a dorar la carne a fuego alto. Luego, agrega el resto de los ingredientes, excepto la salsa hoisin, y saltea por un par de minutos. Por último, agrega la salsa hoisin y apaga el fuego. Deja reposar y sirve.

tip de chef james >> Para cocinar la carne más uniformemente y que tenga una mejor textura, tienes que dar vuelta al churrasco cada 15 a 30 segundos. No lo cocines de un lado y luego del otro porque crearás cortezas duras.

milanesa de pollo con empanizado de almendras

PARA 4 PERSONAS

Esta es una receta que nació de los constantes viajes de pesca que hacía con mis amigos hace varios años ya. Resulta que antes de irnos, ellos siempre preparaban la tradicional milanesa de pollo, la cual, si se come frecuentemente, puede hacerte ganar unos kilitos debido a la cantidad de aceite que lleva y a su empanizado. Después de varios viajes de pesca, en plena alta mar me dije: «¿Cómo puedo hacer las milanesas más saludables y que sigan siendo crujientes?». Y me llegó un chispazo de inspiración que me sacó esta receta.

INGREDIENTES:

- jugo de 4 naranjas
- 4 dientes de ajo machacado
- 1 chile habanero
- ½ cebolla finamente picada
- 1 cucharadita de salsa de soya
- 4 pechugas de pollo finas
- 1 taza de harina integral
- 3 huevos
- 2 tazas de almendras procesadas finamente

PREPARACIÓN:

En un recipiente, agrega el jugo de naranja, los ajos reventados, el chile habanero agujereado, la cebolla picadita y la salsa de soya, para empezar a crear un marinado. Luego, coloca las pechugas de pollo dentro de este marinado y deja en el refrigerador por 4 horas.

Después, en 3 platos separados, coloca la harina, los huevos y las almendras molidas para simular un proceso de empanizado. Pasa las pechugas por la harina, luego por el huevo y por último por las almendras. Lleva a una bandeja forrada en papel aluminio para después colocar en un horno precalentado a 375 °F y deja cocinar por unos 35 minutos.

> **tip de chef james >>** Para obtener una textura más rústica, no proceses demasiado algunas almendras. Esto dejará pedacitos más grandes que harán de tu empanizado algo espectacularmente crocante.

163

pollo rostizado con vinagreta de hierbas y chalotes

PARA 4 PERSONAS

¡En la cocina hay pocas cosas más fáciles que rostizar un pollo! Sé que exagero, pero de verdad que con esta receta se te hará facilísimo. El pollo rostizado muchas veces puede tener la mala reputación de que la pechuga puede quedar seca, pero en este caso no solamente lo cocinaremos a la perfección sino que además le daremos otro toque de sabor con una vinagreta sumamente aromática. El resultado será un plato que luce espectacular, sabe espectacular y, por lo tanto, tendrá el factor *¡wow!*

INGREDIENTES:

1 pollo entero

aceite de oliva

sal

pimienta

1 cabeza de ajo cortada por la mitad

3 ramilletes de tomillo

3 ramilletes de romero

2 limones cortados por la mitad

PARA LA VINAGRETA:

½ taza de aceite de oliva

⅛ de taza de vinagre de vino rojo

1 chalote

2 cucharadas de perejil finamente picado

1 cucharada de tomillo finamente picado

cáscara de 1 limón

PREPARACIÓN:

Precalienta el horno a 375°F. Luego, sazona el pollo entero con aceite de oliva, sal y pimienta. Corta la cabeza de ajo a la mitad y frota por encima de la superficie del pollo. Coloca la cabeza de ajo dentro de la cavidad del pollo con las hierbas y los limones cortados a la mitad. Lleva al horno en una bandeja para rostizar por unos 45 minutos y retira. Deja a un lado.

Aparte, agrega todos los ingredientes de la vinagreta a un recipiente, y adereza el pollo con la misma.

piccata de pollo

PARA 4 PERSONAS

Esta receta es una gran manera de iniciarte como chef en la cocina de tu casa debido a su facilidad de preparación y refrescante sabor. La piccata de pollo es una de las recetas más populares en los restaurantes del mundo. Preparada a mi estilo, pasa a ser perfecta como comida rápida. Aquí me refiero a un concepto de comida rápida que se distingue por lo sencillo y el poco tiempo que te lleva prepararla, no porque se asemeje de ninguna manera a la calidad de la comida rápida de los restaurantes que se especializan en esto. Por último, encontrarás en la piccata de pollo un perfecto balance entre lo cremoso de la mantequilla y un toquecito de limón que hará que a tus invitados se les haga agua la boca.

INGREDIENTES:

4 pechugas de pollo finas

sal

pimienta

aceite de oliva

2 chalotes finamente picados

1 diente de ajo machacado

2 cucharadas de alcaparras

¼ de taza de jerez

1 taza de caldo de pollo

jugo de 2 limones amarillos

1 cucharada de mantequilla fría

1 cucharada de perejil picadito

rodajas de limón

PREPARACIÓN:

En un sartén agrega un chorrito de aceite de oliva y comienza a dorar a fuego alto las pechugas previamente sazonadas con sal y pimienta. Haz esto hasta que estén bien doradas. Luego, retira y, en la misma olla, saltea los chalotes, el ajo y las alcaparras; una vez suaves, agrega el jerez, reduce a la mitad y agrega el caldo, el cual también debes reducir a la mitad. Después, agrega el jugo de limón y termina la salsa con mantequilla fría. Asegúrate de que esté fría para evitar que sus sólidos lácteos se separen. Regresa las pechugas a la salsa y termina con un poco de perejil. Adorna con las rodajas de limón.

pollo teriyaki

Una de las recetas más populares de la gastronomía asiática... ¡y ahora la puedes preparar también en casa! ¿Por qué la elegí para este libro? Sencillamente porque es deliciosa, fácil de hacer y no te quitará mucho tiempo en la cocina. Aunque cada quien tiene su versión de esta receta, en mi experiencia me he dado cuenta de que funciona mejor cuando se cocina en una olla de cocción lenta. De esta manera, los sabores se concentran y cada bocado se convierte en una experiencia mágica. También me gusta cocinarla en esta olla porque el tiempo de preparación es mínimo, y luego me despreocupo de la receta por 5 horas, hasta que ya está lista para comer.

INGREDIENTES:

1 libra de encuentros de pollo sin piel y sin hueso

4 cucharadas de salsa de soya

3 dientes de ajo reventados

3 cucharadas de jengibre picadito

2 cucharadas de azúcar moreno

2 cucharadas de sake

1 cucharadita de vinagre de arroz

1 pimiento rojo picado en tiras

1 pimiento verde picado en tiras

1 cebolla en cortada en Juliana

2 zanahorias picadas

1 taza de arroz blanco cocido

cebollines cortados én angulos para decorar

PREPARACIÓN:

En una olla de cocción lenta, agrega todos los ingredientes y deja cocinar por 4 a 5 horas para concentrar el sabor y que el pollo literalmente se deshaga al salir de la olla. Una vez transcurrido el tiempo, procede a sacar el platillo y coloca en un plato hondo para que las personas se puedan servir. Poner los cebollines en una taza aparte para decorar cada plato una vez esté serivdo.

pollo a la parrilla con 12 especias

PARA 4 PERSONAS

Esta fue otra receta que pasó por el menú de uno de mis restaurantes durante la temporada de verano, donde se utilizan mucho las parrillas. Además, esconde una impresionante cantidad de sabor y aquí la especias funcionan como un empanizado porque conforme se cocinan van creando como una especie de costra que es deliciosa. Para culminar, lo que se llevará los aplausos en esta receta, aparte del chef, claro, es la vinagreta que le da ese toque de cremosidad perfecta.

INGREDIENTES:

1 cucharada de polvo de chile ancho

1 cucharada de comino

1 cucharada de páprika ahumada

1 cucharada de pimienta negra y más para la vinagreta

1 cucharada de pimienta de Jamaica molida

1 cucharada de canela en polvo

½ cucharadita de clavo molido

1 cucharada de ajo en polvo

1 cucharada de cebolla en polvo

1 cucharada de orégano molido

1 cucharada de tomillo molido

1 cucharada de azúcar

3 cucharaditas de sal y más para la vinagreta

4 pechugas de pollo

4 cucharaditas de vinagre

8 cucharadas de aceite de oliva y más para el sartén

1 cucharadita de mostaza

3 ramilletes de cebollín cortados a lo largo, para decorar

Micro verdes para decorar

PREPARACIÓN:

Mezcla todas las especias, las hierbas, el azúcar y las 3 cucharadas de sal en un recipiente, y luego sazona las pechugas con las mismas. Cocina las pechugas ya sea a la parrilla o en un sartén a fuego alto con un toquecito de aceite de oliva por unos 3 a 4 minutos por lado.

Haz una vinagreta mezclando el resto de los ingredientes (excepto los ramilletes de cebollín y los micro verdes) en una licuadora y agrega por encima. Decora con el cebollín y los micro verdes.

pollo con alcachofas, aceitunas y alcaparras en salsa de vino blanco

PARA 4 PERSONAS

Esta fue la primera receta que preparé en la escuela culinaria siguiendo las instrucciones de YouTube. Lo que pasó fue que un día buscando información sobre una de mis profesoras, conseguí este video y me gustó tanto la receta que tuve que prepararla. A mi parecer este es el ejemplo perfecto de una receta que puedes utilizar como guía, pero sin que te gobierne porque admite muchas variantes. A la vez, también es muy sencilla de preparar y crea todo un festival de sabores en la boca.

INGREDIENTES:

aceite de oliva

4 encuentros de pollo o cuadriles sin piel y sin hueso

sal

pimienta

1 chalote picado finamente

10 tomates cherry picados a la mitad

4 onzas de alcachofas picadas en cuartos

2 onzas de aceitunas kalamata cortadas

2 cucharadas de alcaparras

1 taza de vino blanco

perejil picadito

PREPARACIÓN:

En un sartén, agrega un chorrito de aceite de oliva y deja calentar a fuego medio alto. Sazona el pollo con sal y pimienta y comienza a dorar en el sartén, luego retira y deja a un lado. En el mismo sartén, comienza a saltear los chalotes con los tomates, las alcachofas, las aceitunas y las alcaparras. Luego, desglasa con vino blanco y deja reducir hasta que el vino tome una consistencia cremosa.

Regresa el pollo al sartén y deja que se cocine en la salsa. Sirve y decora con perejil.

pechuga de pollo rellena con tomates secos y queso feta

PARA 2 PERSONAS

Preparé esta receta en la televisión un día en que estaba respondiendo a comentarios que me llegaban de las redes sociales acerca de que las pechugas de pollo tienden a ser aburridas y secas. Usando esto como inspiración, decidí abrir una pechuga a la mitad y rellenarla con ingredientes que aportaran sabor, textura y más jugosidad al producto final. Pienso que no hay nada mejor para complementarla que un buen arroz salvaje, pero si no lo tienes a la mano, el arroz blanco también le queda bien.

INGREDIENTES:

1 taza de tomates secos en aceite, picados

1 diente de ajo machado

1 taza de queso feta en trozos

sal

pimienta

4 cucharadas de orégano fresco

4 cucharadas de albahaca fresca

2 pechugas de pollo con piel y sin hueso

aceite de oliva

1 taza de arroz salvaje cocido, para acompañar

PREPARACIÓN:

Precalienta el horno a 400°F. Luego, en un recipiente mezcla los tomates secos picados finamente con el ajo, el queso feta, la sal, la pimienta y las hierbas.

Aparte, toma las pechugas de pollo y golpéalas con un martillo de cocina hasta llevarlas a un espesor de aproximadamente unas 2 pulgadas. Luego, haz una incisión en la mitad de la pechuga dejando que el cuchillo corra de punta a punta por el lado más grueso, formando una especie de bolsillo y agrega 2 cucharadas de la mezcla inicial. Luego, toma las pechugas y envuélvelas en papel aluminio y llévalas al refrigerador por unos 20 minutos.

Calienta un sartén con un chorrito de aceite de oliva. Retira las pechugas de pollo del refrigerador y retírales el papel aluminio. Pon las pechugas en el sartén y dóralas. Haz esto de manera cuidadosa para que no se salga el relleno.

Después, lleva las pechugas al horno por unos 20 a 25 minutos.

Sirve sobre el arroz salvaje (o arroz blanco).

tip de chef james >> Asegúrate de tener el cuchillo bien afilado para crear los bolsillos en las pechugas de pollo, así evitarás desperdiciarlas y podrás hacer un corte más fino y acertado.

arepa de reina pepiada

PARA 6 PERSONAS

Esta es una de las recetas más conocidas y sabrosas de mi país, Venezuela. Las llamo todo terreno porque puedes fácilmente servirlas como desayuno, almuerzo o cena. Reina pepiada hace referencia al relleno de esta arepa, un relleno de pollo hervido mezclado con aguacate y un toque de mayonesa. Recuerdo comerlas siempre en las areperas que conseguimos en las carreteras, y hoy en día es una de mis recetas predilectas para disfrutar en familia los domingos porque son rapidísimas de hacer.

INGREDIENTES:

2 pechugas de pollo previamente hervidas y desmechadas

½ cebolla picadita

2 aguacates Hass machacados

¼ de taza de mayonesa

1 cucharada de jugo de limón

3 cucharadas de cilantro picado

3 cucharadas de cebollín picado

sal

pimienta

1 libra de Harina Pan

PREPARACIÓN:

Mezcla todos los ingredientes, excepto la harina, en un recipiente y sazona con sal y pimienta. Haz las arepas siguiendo las instrucciones del paquete de harina. Una vez listas las arepas, ábrelas por la mitad y rellénalas con la mezcla de reina pepiada.

tip de chef james >>
Si te estás cuidando para no comer muchos carbohidratos, te recomiendo que hagas las arepas muy finitas. Aquí la masa sólo sirve como el soporte del espectacular relleno, así que no perderás sabor por hacer esto.

tacos de carne asada

PARA 4 PERSONAS

Siempre que viajo fuera de casa me gusta ir a lugares populares para comer. Cuando digo esto, no necesariamente me refiero a los lugares turísticos populares (a esos les huyo), sino populares para los locales. Les pido sus recomendaciones y me dejo llevar porque ellos han crecido probando estas comidas, y si ellos frecuentan estos lugares es porque son los mejores. No creo haber probado mejores tacos que los que te comes en esos pequeños puestos callejeros en México, y de ahí nace la inspiración para esta receta. ¡Ojo! El secreto está en el marinado de la carne, lo modifiqué un poco para acelerar el proceso, así podrás disfrutarla en menos tiempo y con un gran sabor.

INGREDIENTES:

1 libra de churrasco cortada en trozos de 1 pulgada

jugo de 3 limones

1 cucharada de salsa Inglesa

½ cebolla picada

½ cucharada de orégano picado

½ cucharada de comino

4 cucharitas de aceite de oliva

pimienta negra

8 tortillas de maíz

¼ de taza de cilantro picado

PREPARACIÓN:

En una bolsa de cocina, agrega la carne seguida del jugo de limón, la salsa inglesa, la cebolla, el orégano, el comino y un chorrito de aceite de oliva y pimienta negra. Deja marinar por unos 15 minutos y luego lleva a cocinar a un sartén o plancha caliente. Una vez cocida la carne, retira y deja reposar por 5 minutos. En el mismo sartén, calienta las tortillas a fuego medio. Sirve con cilantro.

sándwich cubano

PARA 4 PERSONAS

En Miami no hay algo más emblemático que un sándwich cubano, y es toda una delicia entre dos panes. Y es que, fruto de la gran inmigración de cubanos al sur de la Florida, han surgido muchos puesticos donde los venden y, como en todo sitio, compiten por quién hace el mejor sándwich cubano. Los únicos beneficiados somos nosotros quienes los probamos. En este caso, el secreto está en el marinado del cerdo, el principal causante de que tu sándwich cubano tenga diferentes niveles de sabor. Aquí te dejo una versión con recopilación de lo que me parece que funciona mejor para este distinguido plato. ¡No creerás que algo tan rápido de cocinar pueda ser tan sabroso!

INGREDIENTES:

jugo de 1 limón

jugo de 1 naranja

1 cucharadita de comino

1 cucharadita de orégano

⅛ de taza de aceite de oliva

1 libra de lomo de cerdo picado en lonjas de ½ pulgada

2 cucharadas de mantequilla

4 a 6 unidades de pan cubano o *ciabatta*

4 cucharadas de mostaza

4 unidades de pepinillos picados en ruedas

8 rebanadas de queso suizo

1 libra de jamón en rebanadas

PREPARACIÓN:

Mezcla el jugo de limón, el de naranja, el comino, el orégano y el aceite de oliva en un recipiente. Luego, agrega el cerdo y deja marinar unos 15 minutos en el refrigerador. Una vez marinados, lleva a un sartén, a fuego medio, a cocinar hasta que estén dorados. Retira y deja a un lado. Para ensamblar el sándwich, agrega un poco de mantequilla por la parte de afuera del pan. En seguida, en una de las caras del pan agrega la mostaza, los pepinillos, el queso, el jamón, el cerdo y comienza a dorar por cada uno de los lados haciendo presión con otro sartén encima para aplanarlo. Corta a la mitad y sirve.

tip de chef james >> Para esta receta, puedes utilizar también retazos de cerdos que te hayan quedado de la semana. Sólo agrégale los ingredientes que te menciono arriba para sazonarlo, y ¡listo!

sándwich de milanesa

PARA 4 PERSONAS

Ahora traerás a Argentina a tu cocina con esta clásica y rápida receta típica de ese país. Es perfecta para el *corre, corre* y para cuando no contamos con mucho tiempo en la cocina. Además, es efectiva para los niños ya que normalmente todo lo que ven en forma de sándwich se lo comen, y es un gran vehículo para darles de comer vegetales. En este caso, coloco tomate y lechuga pero si en casa están creativos pueden incluir un sinnúmero de vegetales.

INGREDIENTES:

- 1 taza de aceite de maíz para freír
- 4 bisteces cortados finamente en aproximadamente ½ pulgada de espesor
- sal
- pimienta
- ½ taza de harina
- 2 huevos batidos
- 1 taza de pan rallado
- 4 unidades de pan baguette
- 4 cucharadas de mostaza
- 4 cucharadas de mayonesa
- 1 tomate cortado en ruedas
- 1 lechuga romana
- 1 limón cortado en cuartos

PREPARACIÓN:

Precalienta el aceite en una olla a 375°F. Luego, toma los bisteces y sazónalos con sal y pimienta, y pásalos por la harina eliminando el exceso. Una vez enharinado, pasa por un plato con el huevo batido y por último por otro con el pan rallado. De ahí, lleva al sartén a freír por 3 minutos por lado. Una vez listos, deja a un lado.

Toma luego el pan, y en una cara agrega mostaza, en la otra cara mayonesa y coloca 1 pieza de milanesa, un par de ruedas de tomate y la lechuga. Sirve con el limón cortado en cuartos.

chuletas de cerdo con vegetales rostizados

PARA 2 PERSONAS

Un plato que luce espectacular y sabe espectacular porque el cochino al horno siempre sabe bien. Lo mejor de todo es que sólo tienes que usar una bandeja, en la cual colocas todos los ingredientes, luego los metes al horno y dejas que este haga su magia. Cada vez que lo preparo en casa, mis invitados quedan encantados y sé que lo mismo ocurrirá en la tuya porque de verdad que es una exquisitez. Te recomiendo que lo hagas para un almuerzo en familia, sólo multiplica los ingredientes por el número de porciones que necesitas.

INGREDIENTES:

- 2 chuletas de cerdo con hueso
- 6 papas pequeñas *fingerling*
- 2 tomates picados la mitad
- 1 cebolla
- 1 cabeza de ajo picada a la mitad
- aceite de oliva
- sal
- pimienta
- ¼ de taza de vinagre de vino rojo
- 1 taza de caldo de pollo
- 2 cucharadas de perejil picado
- 5 ramilletes de romero picadito
- 1 cucharada de mostaza Dijon

PREPARACIÓN:

Precalienta el horno a 400˚F. Sazona la chuleta y los vegetales con aceite de oliva, sal y pimienta para luego llevarlos al horno a rostizar por unos 40 minutos, hasta que todo se vea dorado y delicioso. En seguida, retira del horno y coloca los vegetales en un recipiente junto con las chuletas. En la misma bandeja donde se cocinó todo, agrega el vinagre, el caldo de pollo, el perejil y el romerito, y cocina sobre la estufa a fuego alto por un minuto para reducir ligeramente la mezcla. Para finalizar, agrega la mostaza a las hierbas, mezcla bien y sirve sobre las chuletas y los vegetales.

tip de chef james >> En el proceso de precalentamiento del horno, coloca en este mismo la bandeja en la cual colocarás las chuletas y los vegetales. Esto te ayudará a sellar y dorar los ingredientes desde el momento en que entren en contacto con la bandeja, ahorrándote tiempo.

curry de pollo

PARA 4 A 6 PERSONAS

Trae a tu cocina el sabor de esta deliciosa receta de origen indio. El curry es un condimento muy particular, que usado de manera adecuada te recompensará con un increíble sabor. Recuerdo que era muy joven cuando probé por primera vez este ingrediente y quedé fascinado por la intensidad de su aroma y gusto. Al poco tiempo de ingresar en mis estudios culinarios, experimenté bastantes recetas con él y descubrí que es un ingrediente que, al ser tan potente, hay que saber usarlo y en las cantidades correctas para no opacar otros sabores. Lo que me parece muy interesante de esta receta, y que estoy seguro de que te agradará saber, es que aunque tiene muchos ingredientes, es sencilla de preparar. Pero más interesante aún es que aprenderás a preparar el curry de principio a fin, como lo hice yo cuando era más joven o chamo, como dicen en mi país. Con esta receta descubrirás que el curry es una mezcla de diferentes especias que se puede usar también con otras proteínas como el pescado, el cerdo y la carne.

INGREDIENTES:

- 1 cebolla cortada finamente
- 4 dientes de ajo machacados
- 1 cucharada de jengibre fresco rayado
- ½ cucharada de pimienta de Cayena
- 3 cucharadas de curry en polvo o curry en pasta
- 1 cucharadita de canela en polvo
- 1 cucharada de páprika ahumada
- 1 cucharada de azúcar

- 2 pechugas de pollo en cubos
- 1 cucharada de pasta de tomate
- 1 taza de yogurt
- 1 taza de leche de coco
- 1 cucharada de llmoncillo en pasta jugo de 1 limón
- 2 cucharadas de cilantro picado
- 2 cucharadas de micro verdes
- 2 tazas de arroz cocido

PREPARACIÓN:

En una olla honda, comienza a saltear la cebolla con el ajo y el jengibre por dos minutos. Luego agrega todas las especias, junto con el azúcar y cocina por 1 minuto más. En seguida, agrega el pollo cortado en cubos, e inmediatamente después la pasta de tomate, el yogurt y la leche de coco. Lleva a hervor y reduce a fuego medio. Cocina por 30 minutos y finaliza con el jugo de limón, el cilantro y los micro verdes por encima. Sirve con el arroz.

hamburguesa al pastor

PARA 4 PERSONAS

Esta deliciosa hamburguesa va a satisfacer las expectativas de todos los que la prueben y, al ser tan sencilla de hacer, podrás tener extra para que tus invitados coman más de una. ¡Pocas cosas en la cocina se complementan mejor que el cerdo y la piña, y serás testigo de esto desde el primer bocado que pruebes de esta hamburguesa! La inspiración de esta receta nace de los deliciosos y maravillosos tacos al pastor de la cocina mexicana, que me ayudaron a innovar y preparar una hamburguesa distinta.

INGREDIENTES:

4 chiles guajillos rehidratados en agua
1 cucharada de orégano
2 dientes de ajo machacado
sal
pimienta
½ cebolla

½ taza de jugo de piña
1 libra de cerdo molido
4 rodajas de piña
6 cucharadas de mayonesa
4 unidades de pan para hamburguesa
cilantro picado

PREPARACIÓN:

Precalentar una parrilla o un sartén con aceite a fuego medio alto. En una licuadora, agrega los chiles, el orégano, el ajo, sal, pimienta, la cebolla y el jugo de piña. Licua por 1 minuto y luego lleva a un recipiente con la carne de cerdo molida. Mezcla bien y forma 4 bolitas del mismo tamaño, y con las manos aplasta ligeramente para formar las hamburguesitas. Cocínalas en una parrilla o sartén por unos 4 minutos por lado. Luego, retira y en el mismo sartén dora las rodajas de piña a fuego medio por 5 minutos de cada lado. Coloca mayonesa en cada una de las caras internas del pan, agrega la carne seguida de la piña y, por último, del cilantro. Cubrir con la otra tapa del pan y servir.

tip de chef james >>

Si cuentas con el tiempo, prepara la salsa al pastor con un día de anticipación para que los sabores se fusionen y se integren mejor. Esto ocasionará que la salsa tenga una identidad más homogénea.

pollo horneado con salsa de limón y cilantro

PARA 4 A 6 PERSONAS

Conozco pocas personas que puedan resistirse a un delicioso pollo horneado. La piel tostadita, el bronceado perfecto y el aroma que despide son una combinación letal que hechiza a cualquiera. Esta receta en particular me gusta mucho porque la salsa de limón y el cilantro le dan mucha frescura a la carne del pollo y generan una gran sensación en la boca. Además, esta receta es muy especial para mí porque era un platillo clásico que mi papá cocinaba cada vez que podía. La incluyo aquí porque sé que se convertirá en un platillo clásico en tu hogar.

INGREDIENTES:

    1 taza de cilantro
    ¼ de taza de aceite de oliva
    ¾ de cucharada de comino
    ½ taza de jugo de limón
    3 cucharadas de mostaza
    5 dientes de ajo
    cáscara de limón
    2 chiles serranos
    1 libra de papas cortadas en rodajas de 1 pulgada
    6 encuentros con muslos de pollo sin piel

PREPARACIÓN:

Precalienta el horno a 400°F y, una vez caliente, coloca el refractario de vidrio vacío para que tome temperatura.

En una licuadora, coloca el cilantro, el aceite de oliva, el comino, el jugo de limón, la mostaza, el diente de ajo, la cáscara de limón, los chiles serranos y licua por 1 minuto. Luego, en un refractario de vidrio previamente colocado en el horno, agrega una fina capa de aceite de oliva en el fondo y coloca una cama de papas cortadas en rodajas de 1 pulgada de grosor. Por encima, coloca el pollo y luego agrega la salsa de cilantro. Lleva al horno y cocina por 1 hora. Retira y sirve.

cerdo guisado en miel

PARA 8 A 10 PERSONAS

El tiempo de preparación de este platillo sin igual es casi mínimo. Toda la magia que dará el sabor a esta receta ocurre durante las dos horas de cocción en el horno, donde los sabores se concentran, la miel se integra con el cerdo y la recompensa es increíble para quien la pruebe. Si sigues mis pasos, te garantizo que lograrás que este platillo tenga el factor *¡wow!*

INGREDIENTES:

2 libras de cerdo para guisar

5 dientes de ajo

1 raíz de jengibre

1 cucharada de pimienta roja entera

1 cucharada de pimienta negra

1 cucharada de anís estrellado

¼ de taza de miel

3 cucharadas de salsa de soya

2 cucharadas de vinagre de arroz

1 taza de sake

1 taza de caldo de pollo

2 cucharadas de cilantro picadito

PREPARACIÓN:

En una bandeja para hornear, sobre la estufa a fuego alto, dora las piezas de cerdo. Luego agrega el resto de los ingredientes, excepto el cilantro, y lleva a un horno pre-calentado a 350°F por 2 horas. Luego retira y sirve con cilantro.

> ## tip de chef james >>
> En caso de que te sobre cerdo, puedes utilizar esa carne para preparar al día siguiente unos deliciosos sándwiches con mostaza y sal sobre pan tostado. El sabor del cerdo con miel le queda muy bien a la mostaza y a lo crujiente del pan. ¡Así de fácil es tener otra delicia en minutos!

falda con costra de café y salsa criolla

PARA 4 PERSONAS

Mucho recurrimos al café en búsqueda de energía o para calentar el cuerpo. Sin embargo, con esta receta busco darte una nueva perspectiva de este particular ingrediente, para que lo mires como un potente sazonador. En estas páginas, te confío una de mis recetas para salir de la rutina, y a pesar de que se demora un poco en cocinar, su sabor sin duda recompensará tu paciencia. El café no sólo compagina de manera perfecta la tierna falda, sino que, al cocinarse en el horno, crea una crocante costra que, en combinación con la salsa criolla, hace que a esta receta le sobre el factor *¡wow!*

INGREDIENTES:

2 libras de falda de res

PARA LA COSTRA:

1½ cucharada de chile ancho en polvo

1½ cucharada de café molido

½ cucharada de azúcar moreno

¼ de cucharada de mostaza seca

¼ de cucharada de sal

¼ de cucharada de pimienta negra

PARA LA SALSA CRIOLLA:

1 cebolla picadita

2 cebollines picados

1 tomate en cubos

½ taza de aceite de oliva

¼ de taza de vinagre

⅛ de cucharadita de comino

½ pimiento rojo finamente picado

½ pimiento verde finamente picado

sal

pimienta

PREPARACIÓN:

Mezcla todos los ingredientes de la costra en un recipiente para luego cubrir la superficie completa de la falda de res. En seguida, llévala a un horno precalentado a 300°F y deja cocinar por unas 2.5 horas. Luego, sube la temperatura del horno a 400°F y deja cocinar por unos 15 minutos más para lograr que la costra de café quede bien crocante. Después, en un recipiente aparte mezcla los ingredientes para la salsa criolla, asegurándote de incorporarlos bien. Sazona con sal y pimienta al gusto y luego deja reposar por aproximadamente unos 15 minutos.

del mar

Vivimos en un planeta donde el 70 por ciento de la superficie está cubierta de agua. Esto debería ser razón suficiente para que todos incorporáramos más pescados y mariscos en nuestras dietas. Sin embargo, muchos aún no se han aventurado a comer más a menudo de todas las riquezas que el vasto océano nos ofrece. Bien sea por miedo al comprarlos, alguna mala experiencia con alguna comida en el pasado o sencillamente porque piensan que llevan mucho tiempo para prepararlos. No obstante, con mi selección de recetas te demostraré que los frutos del mar son esenciales para cualquier chef de casa y que pueden ser preparados de manera deliciosa, sin necesidad de pasar mucho tiempo en la cocina.

Lo primero que quiero hacer es explicarte las razones por las cuales todos deberíamos estar más abiertos a consumir pescados y mariscos. Para comenzar, los frutos del mar son alimentos muy sanos, con una gran cantidad de proteínas, vitaminas y grasas buenas para nuestro cuerpo. Seguro has escuchado el dicho que dice «barriguita llena, corazón contento», y esto no podría ser más verídico que cuando se trata de comer pescado. Esto se debe a que los pescados tienen una gran cantidad de ácidos grasos poliinsaturados, los cuales, se ha demostrado, son beneficiosos para prevenir enfermedades cardiovasculares, y un corazón sano es un corazón contento.

Además, su gran variedad y versatilidad ayudan mucho en la cocina debido a que se pueden preparar de muchas maneras. Otra ventaja de los frutos del mar es que hoy en día se pueden encontrar frescos en casi todos lados; incluso, hay lugares donde puedes comprarlos por internet.

Si recuerdas, en las primeras páginas del libro te expliqué cómo elegir los frutos del mar más frescos del supermercado. Ahora quiero enseñarte un poco más acerca de ellos, antes de que nos adentremos en las recetas. Quiero que antes de que empieces a cocinarlos conozcas más acerca de cómo se dividen los pescados y mariscos, las mejores prácticas para cocinarlos y uno que otro tip, para que puedas manejarlos a la perfección. Después de todo, la cocina es más que una receta. ¡es un arte y una filosofía de la cual nunca se puede saber demasiado!

tipos de pescado

Hay varias maneras de agrupar a los pescados en el mundo culinario, y es que hay tantas variedades que siempre es útil clasificarlos de acuerdo con algún tipo de orden para no perdernos. Un método muy común para agruparlos es según su forma, donde se dividen en peces planos o redondos. Otra manera de dividirlos es según el color de su piel, y entre estos tenemos los azules y los blancos. Y por último, hay quienes los agrupan dependiendo de su contenido graso, que para mí es el mejor modo de hacerlo. En este conjunto, los pescados se dividen en tres grupos: grasos, semigrasos y magros.

- **Pescados grasos**: Son las especies de pescado que más contenido graso tienen, y este puede alcanzar hasta el 10 por ciento, dependiendo de la especie. Algunos de los pescados que encontramos en este primer grupo son los de agua salada, como el popular atún, la sardina (según la temporada) y el pez espada, aunque también hay otros que se trasladan de agua salada a agua dulce sin problema, como el popular salmón y la trucha. Su alto contenido graso se debe a que estas son especies migratorias, y la reserva de grasa es vital para sus viajes de grandes distancias. Otro punto importante de estos pescados es que suelen ser un poco más difíciles de digerir que los pescados magros. No es nada muy grave, pero si eres sensible con el estómago, te recomiendo cocinarlos a la parrilla para hacer disminuir un poco su contenido graso.

- **Pescados semigrasos**: Es el grupo intermedio entre los pescados grasos y magros. Estos contienen un nivel de grasa de entre aproximadamente el 2,5 y el 6 por ciento. También muchos pescados grasos, dependiendo de la época, pueden ser clasificados dentro de este grupo al perder un poco de su reserva de grasa. Entre los clásicos pescados semigrasos podemos encontrar el dorado, la lubina o robalo y el besugo.

- **Pescados magros**: Como no deben trasladarse grandes distancias en busca de comida, estos peces no necesitan una gran reserva de grasa, por eso su contenido graso no sobrepasa el 2,5 por ciento. Comúnmente, la mayoría de estas especies habita en los fondos marinos, y entre los más populares encontramos el bacalao, la merluza y la tilapia. Al tener un bajo contenido graso, tienden a ser más fáciles de digerir. Asimismo, son extremadamente versátiles a la hora de cocinar ya que pueden ser preparados al horno, a la plancha, al vapor e, incluso, pueden ser freídos.

mariscos

Los mariscos son criaturas increíbles que tienen una estructura de cuerpo muy singular, ¡pero que la apariencia no te engañe! Estos son igualmente deliciosos y nutritivos que los pescados. Existe una gran cantidad de mariscos en el mar, y estos vienen en diferentes tamaños, formas y colores, pero normalmente se dividen en dos grupos: crustáceos y moluscos.

- **Crustáceos**: ¡Una de las delicadezas del mar! Estos se caracterizan por tener el cuerpo cubierto por un caparazón duro y, por supuesto, por su deliciosa carne interna. Entre ellos están las langostas, los cangrejos, los camarones o gambas, los langostinos, etcétera.

  Los camarones y los langostinos suelen ser encontrados durante todo el año en los supermercados. Sin embargo, existen algunas especies de cangrejos y langosta que sólo se pueden conseguir en temporada. Siempre te puedes informar con tu supermercado de confianza para saber cuándo estas especies están en temporada.

  Un punto muy particular de los crustáceos es que cuando están crudos, suelen lucir muy poco apetitosos, con un color gris no muy atractivo alrededor de todo su cuerpo. No obstante, una vez cocidos toman un color rojizo espectacular que los hace ver increíblemente apetitosos. Esto se debe a una reacción química que ocurre en su cuerpo una vez que se cuecen. Si compraste crustáceos congelados, recuerda asegurarte de que estén bien descongelados antes de empezar a cocinarlos. De esta manera estarás garantizado que obtendrás el mejor sabor que puedan tener una vez que los cocines.

- **Moluscos**: La característica más notoria de los moluscos es que disponen de una concha que protege su cuerpo blando y suculento. Aunque algunos los llamarían trabajosos para comer, estas delicias del mar son extremadamente populares en todas partes del mundo. Entre los más consumidos encontramos los mejillones, las ostras y las almejas. Normalmente, estas especies viven en el fondo del mar, algunos adheridos a rocas o enterrados en la arena. También, debido a la gran demanda, muchos de ellos son cultivados en granjas marítimas o piscifactorías, como mencionamos anteriormente.

la mejor forma de cocinar pescado

A la hora de cocinar pescado es importante decidir si lo vas a preparar en filete o si lo vas a cocinar entero. Cuando se trata de cocinar un pescado espectacular, pero sin pasar mucho tiempo en la cocina, prepararlo en filete será tu mejor opción. Esto se debe a que a la hora de cocinarlo, el pescado en filete se comporta de manera sensacional. Empezando porque así es más fácil de manejar en la cocina, sin mencionar que la carne se cocina en muy poco tiempo. Tanto así que mucha gente incluso lo sobrecocina sin ni siquiera sospecharlo.

Experimenta con diferentes variedades de pescados y mariscos para hacer de tus platos algo único y especial.

Otra ventaja de cocinar el pescado en filete es que lo único que necesitas en casa para hacerlo es un sartén, una hornilla, un poquitín de aceite y listo. También se pueden cocinar a la parrilla, pero si no tienes mucha experiencia cocinando pescado te recomiendo que hagas tu debut con un sartén. Además, preparar filetes de pescado en un sartén te permite dar ese toque crujiente a la piel sin secar mucho el resto del pescado.

Ahora bien, para ayudarte a saber cuándo está en su punto tu filete de pescado, te tengo unos fáciles tips que puedes aplicar en casa. Primero, el interior del pescado debería estar aproximadamente a unos 175°F, y esto lo puedes determinar con ayuda de un termómetro de cocina. Al igual que la carne de res, hay a quienes les gustan los filetes de algunos pescados (comúnmente atún y salmón) un poco crudos en el centro. Si eres de los que prefiere esto, o tienes algún invitado que prefiera este término, te recomiendo que mientras lo estés cocinando le hagas algunas pequeñas incisiones con un cuchillo para asegurarte de que puedas ver el centro y sacarlo al término indicado.

La textura del pescado también es un buen síntoma para saber si el pescado está crudo o sobrecocido. La carne de filete ideal debería ser fácil de picar, incluso ejerciendo un poco de presión por encima podría desbaratar la pieza, y su color tendría que ser uniforme desde el centro hasta los extremos. Por último, cuando lo vayas a servir, asegúrate de apoyarlo por el lado donde hiciste las incisiones, de manera que estas no arruinen la presentación del platillo.

Igualmente, el pescado se puede preparar de manera suculenta cocinándolo entero. Y es que los huesos le dan mejor sabor a la carne, manteniéndola jugosa y tierna. Por mi parte pienso que servir el pescado entero le añade un toque mágico a la presentación de cualquier mesa. Sólo el hecho de ver un espécimen de mar afuera de su entorno natural, servido en una mesa con un decorado de vinagretas y aliños, de verdad que genera una experiencia que es difícil de replicar.

A diferencia del pescado en filetes, el pescado completo lleva un poco más de tiempo para ser cocinado. Usualmente, se utiliza una temperatura baja para que se cocine uniformemente hasta al medio. Y en este caso sí que no hay misterios para saber si está bien cocido o no. La regla es sencilla: si la carne se está desprendiendo del hueso, el pescado está listo para ser comido. De lo contrario, ¡no lo sirvas todavía!

Una buena manera de garantizar que el pescado entero te quede con un sabor y textura espectaculares es que el tamaño del sartén se ajuste al tamaño del pescado. Esto ayudará a que sus jugos se mantengan siempre cerca, dándole un sabor increíble. El mismo principio aplica si vas a cocinar el pescado en el horno. Asegúrate de que el recipiente donde lo cocines sea el adecuado.

De la misma forma, el aliño juega un papel importante al momento de cocinar el pescado entero. Puedes cocinarlo con hierbas aromáticas y con rodajitas de limón para realzar su sabor. Hay quienes incluso lo rellenan, como si fuera un pavo, con especias y vegetales para que este también tome un gran sabor por dentro.

> Servir el pescado entero le añade un toque mágico a la presentación de cualquier mesa.

la mejor forma de cocinar mariscos

Hay tal variedad de mariscos y tantas maneras de cocinarlos que sería demasiada información para este libro. Sin embargo, creo que es importante que conozcas al menos algunos de los métodos más populares para preparar estas exquisiteces del mar. De esta manera, no te resultará intimidante cocinarlos cuando quieras o tengas que hacerlo.

Cocinar mejillones y almejas es sumamente fácil. La mejor manera de prepararlas es en una olla con líquido hirviendo. Y digo líquido porque este no necesariamente tiene que ser sólo agua. Pueden ser líquidos aromatizados con cebolla, vino blanco y hasta algunas especias para que vayan tomando un sabor espectacular mientras se cocinan.

Las vieiras, por otro lado, tienen otras maneras de cocinarse: se pueden hacer al vapor, al sartén e incluso al grill o la parrilla. Hay quienes prefieren comerlas crudas, que sería mi caso. Yo con un poquito de sal y limón las disfruto en grande. Eso sí, asegúrate de lavarlas bien antes y de que estén totalmente frescas si las quieres consumir crudas.

En cuanto a los crustáceos, los más populares para comer son los camarones, los langostinos, los cangrejos y las langostas. Debido a la similitud de sus cuerpos, los camarones y los langostinos tienden a cocinarse de la misma manera. Ambos son deliciosos fritos, pero la maneras más populares de cocinarlos son hervidos o al sartén. ¡Asegúrate de guardar las colas y cabezas de los mismos! Las puedes usar después para dar sabor a caldos o salsas: sólo tienes que verter las cabezas en una olla y agregar los ingredientes típicos de cualquier caldo, como lo son verduras picaditas, aceite y sal. Luego de cocinado, cuela las cabezas y colas y tendrás un sabrosísimo caldo. ¡Madre mía, se me hace agua la boca!

Los cangrejos y las langostas tienden también a ser cocinados de manera similar. Los métodos más comunes son los hervidos, y luego la carne puede ser condimentada con mantequilla o limón. En algunas partes de Asia, luego de hervir estos crustáceos, se deshacen de los caparazones y fríen la suculenta carne. ¿Te puedes imaginar lo sabrosa que es esta combinación de sabores y texturas?

Estas son sólo algunas técnicas básicas de cocción. Te recomiendo que a medida que vayas ganando confianza en la cocina, experimentes con diferentes variedades de pescados y mariscos para hacer de tus platos algo único y especial.

bacalao a la vizcaína

PARA 4 PERSONAS

Siempre me ha gustado el bacalao, incluso desde pequeño porque me encantaba ver cómo lo preservaban con sal. Esta es otra receta que comía con mi vecino el señor David. Una receta que aunque se hace mucho en toda España, tiene una gran influencia portuguesa y se dice que entró a España a través de la frontera con Galicia. Aunque esta receta lleva tiempo en preparar, su sabor sin igual vale 100 por ciento la pena.

INGREDIENTES:

1 libra de bacalao salado cortado en 4 trozos iguales

4 papas cortada en rodajas de ½ pulgada de grosor

2 cebollas picadas finamente

4 huevos duros en rodajas

½ taza de aceitunas verdes sin hueso

3 dientes de ajo machacados

2 cucharadas de alcaparras

1 pimiento rojo cortado en cubos

4 tomates cortados en cubos

1 lata de 8 onzas de tomates triturados

1 taza de vino blanco

¼ de taza de aceite de oliva

1 taza de agua

2 hojas de laurel

Arroz blanco cocido, para acompañar

PREPARACIÓN:

Retírale la sal al bacalao poniéndolo en una taza con agua fría. Cambia el agua cada 2 horas, al menos 4 veces. En una olla honda, coloca la mitad de cada uno de los ingredientes en el siguiente orden: papas, bacalao, cebolla, huevo, aceitunas, ajo, alcaparras, pimientos, tomate y tomate triturado de lata. Repite el proceso y por último agrega el vino blanco, el aceite de oliva, la taza de agua y el laurel. Lleva a hervor, baja el fuego a medio y deja cocinar por 30 minutos.

Sirve con arroz blanco.

tip de chef james >>
Si usas bacalao salado, lo cual te recomiendo, asegúrate de removerle la sal colocándolo en un recipiente de agua fría y cambiando el agua cada 2 horas. Repite ese proceso por lo menos 4 veces para asegurarte de haber retirado bien la sal.

almejas con frijoles blancos y chorizo

PARA 4 PERSONAS

¡*Finesse*! ¡Finura! ¡Elegancia! Palabra que muchas veces relacionamos con comida extremadamente elaborada y extremadamente costosa, algo que no es el caso en esta receta. No te dejes engañar, a pesar de que tiene muchos ingredientes, es muy sencilla de preparar. Te recomiendo que prepares este plato durante el fin de semana para que puedas compartirlo en familia. Dobla las cantiades si vienen más de 4 personas. y si quieres acompañarlo con un vino, mi recomendación es que este sea blanco.

INGREDIENTES:

- aceite de oliva
- 1 cebolla picadita
- 4 dientes de ajo machacados
- 1 zanahoria cortada en cubos
- 2 ramilletes de apio picados en cubos finos
- 2 chorizos españoles secos cortados en rodajas
- 4 hojas de laurel
- 2 latas de 15 onzas de frijoles blancos grandes
- 2 tazas de caldo de vegetal

PARA LAS ALMEJAS

- aceite de oliva
- 1 chalote picado finamente
- 6 dientes de ajo machacados
- 2 cucharadas de perejil picado, más un poco para decorar
- ¼ de cucharadita de pimienta roja
- 2 docenas de almejas
- ½ botella de vino blanco

PREPARACIÓN:

En una olla a fuego medio alto, saltea la cebolla picadita con el ajo, la zanahoria, el apio y el chorizo con un chorrito de aceite de oliva. Una vez salteado, agrega las hojas de laurel, los frijoles blancos, las tazas del caldo vegetal y deja cocinar por 1 hora.

En una olla aparte, comienza a preparar las almejas. Esta debe ser una olla para salsas mediana. Calienta un chorrito de aceite de oliva y saltea el chalote con el ajo, el perejil y la pimienta roja durante 5 minutes. Agrega las almejas y cocina por 1 minuto, sube el fuego a alto y agrega el vino blanco. Lleva a hervor y apaga.

Después, vierte todo el contenido de la segunda olla y cocina por unos minutos más. Sirve y decora con perejil picadito.

tip de chef james >> Para asegurarte de que no encontrarás ningún depósito de arena en las almejas, te recomiendo que las sumerjas en un tazón con agua. Agrégales sal y dos cucharaditas de vinagre blanco. Déjalas reposar unos cuantos minutos y ellas soltarán esos depósitos de arena naturalmente. Enjuágalas y estarán listas para cocinar.

pescado a la veracruzana

PARA 4 PERSONAS

Dale la vuelta al mundo desde tu cocina con esta receta típica de Veracruz, México. Esta es una de las recetas estrella de mi primer restaurante, Sabores by chef James. Sumamente simple de preparar, este plato debe su increíble presentación y el deleite que causa en el paladar a la salsa veracruzana que viste al pescado con su intenso color, aroma y sabor. ¡Sin duda se convertirá en un favorito de casa!

INGREDIENTES:

- 1 cebolla picada finamente
- 4 dientes de ajo machacados
- 2 libras de tomate cortadas en cubos de 1 pulgada
- 1 taza de agua
- 3 hojas de laurel
- 1 cucharada de orégano
- ½ taza de aceitunas verdes
- 2 cucharadas de alcaparras
- 4 chiles guajillos picados finamente
- 4 filetes medianos de pescado blanco sazonados con sal y pimienta
- perejil

PREPARACIÓN:

En un sartén a fuego alto, echa un chorrito de aceite de oliva y saltea la cebolla y el ajo, 3 minutos o hasta que la cebolla y el ajo se vean traslúcidos. Aparte, pon los tomates en una bandeja para hornear y cocínalos a 500°F hasta que la piel de los tomates se vea chamuscada. Saca los tomates del horno y añádelos al sartén que tenía la cebolla y el ajo junto con el agua, el laurel, el orégano, las aceitunas, las alcaparras y los chiles. Sofríe por 30 minutos a fuego lento y destapado. Una vez lista la salsa, en un sartén distinto, a fuego medio alto y tapado, dora los filetes de pescado previamente sazonados con sal y pimienta negra hasta que se vea opaco. Luego sirve la salsa por encima. Dale el gran final con un toque de perejil y aceite de oliva.

tip de chef james >> Los tomates quemados aquí hacen la diferencia, cocínalos a 500°F en el horno hasta que la piel se ponga negrita.

moqueca de camarones y pescado

PARA 4 PERSONAS

Aroma, sabor, textura y factor *¡wow!* Así describo esta espectacular receta de frutos del mar. La moqueca es un plato típico de Brasil, y es como una especie de caldo a base de coco aromatizado con vegetales. Esta deliciosa solución es luego utilizada para cocinar los camarones y el pescado. La preparación de este platillo es lo único que te quitará un poco de tiempo porque después su cocción es muy rápida. ¡Anímate a prepararlo!

INGREDIENTES:

1 cebolla amarilla cortada en cubos

1 tomate cortada en juliana gruesa

3 dientes de ajo machacados

5 cucharadas de cilantro picadas finamente y un poco más para decorar

jugo de ½ limón

sal

1 libra de pargo rojo (*red snapper*) picado en cubos de ½ pulgada

½ libra de camarones

¼ de taza de aceite de oliva

1 pimiento rojo picado en tiras

1 pimiento verde picado en tiras

1 pimiento amarillo picado en tiras

1 taza de leche de coco

1 tomate cortado en ruedas

PREPARACIÓN:

En una licuadora, coloca la cebolla amarilla cortada en cubos, el tomate, 1½ ajo, 5 cucharadas de cilantro, el jugo de limón, sal y licua hasta que esté bien procesado. Deja a un lado.

En un recipiente de vidrio, coloca el pescado cortado en cubos, el camarón y agrega los vegetales licuados por encima. Cubre el recipiente con plástico y deja reposar en el refrigerador por 1 hora.

Calienta un sartén a fuego medio, agrega aceite de oliva y comienza a saltear la cebolla, agrega el ajo restante, los pimientos y saltea por unos 3 minutos. Luego agrega el pescado, los camarones y el marinado en el sartén y luego la leche de coco. Lleva a hervor y coloca por encima las ruedas de tomate. Deja cocinar cubierto a fuego medio alto por unos 10 minutos.

Para el gran final, decora con un poco de cilantro y la cebolla cortada en juliana. Sirve preferiblemente con arroz.

tip de chef james >> No cortes el pescado en cubos muy pequeños porque acelerarás el tiempo de cocción y esto afectará el resultado final de tu receta. Te recomiendo cortarlos todos en cubos de una pulgada y media.

Los frutos del mar son alimentos muy sanos, con una gran cantidad de proteínas, vitaminas y grasas buenas para nuestro cuerpo.

pescado estofado con chorizo

PARA 4 PERSONAS

Este es otro de esos platos que son excelentes para un almuerzo de fin de semana en familia. El sabor y los aceites del chorizo compaginan de manera espectacular la tierna textura del pescado, que además, al estar cortado en cubos, se cocina muy rápido, haciéndote ahorrar tiempo en la cocina. Por último, la sazón del comino y la páprika ahumada juega un papel importante que seguro notarás desde el primer bocado. También es sumamente aromático y, personalmente, pienso que la clave está en el sofrito, que se encarga de crear la base del perfil de sabores de esta preparación.

INGREDIENTES:

2 chorizos españoles picados en cubos de ½ pulgada

2 dientes de ajo machacados

1 pimiento rojo picado en tiras

1 cucharadita de comino

1 cucharadita de páprika ahumada

4 onzas de tomates triturados

8 onzas de tomate en salsa

2 ramas de tomillo

1 libra de pescado blanco cortado en cubos de 1½ pulgada

1 cucharada de cilantro picadito

limón amarillo cortado en cuartos

PREPARACIÓN:

En una olla honda, comienza por cocinar el chorizo. Una vez que empiece a soltar un poco de su aceite, agrega el ajo, el pimiento rojo, el comino y la páprika. Luego agrega los tomates triturados y cocina a fuego medio por 5 minutos. En seguida, agrega el tomate en salsa con el tomillo y cocina por 4 minutos más. Justo antes de servir, agrega los cubos de pescado y apaga el fuego. Después de que transcurran 5 minutos, agrega el cilantro, el limón y sirve.

tacos hawaianos de pescado

PARA 6 A 8 PERSONAS

En uno de mis viajes a México escuché una vez que «todo dentro de una tortilla sabe mejor», y no podría estar más de acuerdo, sobre todo cuando se trata de esta receta. Aquí degustarás el delicado balance de sabores entre la frescura del pescado, lo ácido del limón y lo agridulce de la naranja y la piña. Me parece una receta ideal para cuando queremos salir de la monotonía de la cocina, y al ser muy rápida y fácil de hacer, puedes prepararla espontáneamente cuando se te antoje. ¡Óraleeee!

INGREDIENTES:

4 filetes de tilapia

jugo de 1 naranja

jugo de 1 limón

2 cucharadas de miel

1 taza de cilantro picado, más un
poco para decorar

¼ de taza de aceite vegetal

4 tortillas de maíz

PARA LA SALSA DE PIÑA:

½ piña entera pelada y cortada en
rodajas

3 cucharadas de aceite de oliva

½ cebolla

1 pimiento naranja

jugo de 1 naranja

jugo de 1 limón

1 jalapeño picado para decorar

PREPARACIÓN:

En una bolsa marina los filetes de tilapia con el jugo de naranja, el de limón, la miel, el cilantro y el aceite en el refrigerador por 1 hora. Luego, calienta un sartén con aceite de oliva y dora los filetes por 3 minutos de cada lado. Retira del fuego y rompe en trozos grandes usando las manos.

Después, barniza la piña con aceite de oliva y llévala a una parrilla bien caliente, dórala por unos 3 minutos por lado y retira. Repite el proceso con la cebolla y con el pimiento naranja. Luego, pica finamente la piña, los pimientos y la cebolla, y coloca todo en un recipiente, seguido del jugo de naranja, el jugo de limón, aceite de oliva, sal y pimienta. Por último, toma 1 tortilla, caliéntala ligeramente, agrega el pescado y pon por encima la salsa de piña a la parrilla. Sirve con el jalapeño como decoración.

camarones a la diabla

PARA 4 PERSONAS

Hay pocas recetas en las que los camarones tengan más sabor que en esta. El nombre nació un día que, sentado con mi equipo de producción, nos informaron que venía el elenco de aquella famosa novela de Telemundo, *Santa diabla*. Los invitados eran Carlos Ponce y Gaby Espino: por eso, con un poquito de creatividad inventamos esta receta deliciosa y un tanto picosita. A mí, particularmente, me encanta, pero si no eres amante del picante, puedes omitir los chiles habaneros.

INGREDIENTES:

aceite de oliva

4 dientes de ajo machacados

1 pimiento rojo picado en tiras

½ cebolla picada

½ taza de vino blanco

4 chiles chipotle con adobo

12 onzas de tomates triturados

2 chiles habaneros picados en rodajas

1 cucharada de salsa inglesa

4 cucharadas de salsa de tomate

3 libras de camarones

1 taza de arroz blanco cocido

perejil picado para decorar

PREPARACIÓN:

En una olla honda agrega un chorrito de aceite de oliva y comienza a dorar el ajo, el pimiento rojo y la cebolla, 4 minutos. Una vez dorados, agrega el vino blanco y reduce a ¾. En seguida, agrega los chipotles, los tomates, los habaneros, la salsa inglesa y las cucharadas de salsa de tomate. Deja cocinar por 30 minutos a fuego medio y destapado y al final agrega los camarones. Cocina por unos 5 minutos más y sirve con arroz. Para una mejor presentación, decora con perejil.

pescado entero a la parrilla con salsa verde

PARA 4 PERSONAS

Este plato se convertirá rápidamente en uno de los favoritos de casa. La textura del pescado a la parrilla se ganará hasta al más duro de los críticos, el baño de la salsa verde sobre él resulta en una combinación muy fresca de sabores y el sabor de la trucha se convierte en el lienzo que resalta todo el gusto silvestre del cilantro. Todos estos elementos completan un platillo que tiene todos los ingredientes de una receta con el factor *iwow!* El secreto está en que cuando se cocina el pescado entero, aún con sus huesos, la carne del mismo tiene aún más sabor, lo cual será toda una recompensa para quien lo pruebe.

INGREDIENTES:

1 trucha entera
aceite de oliva
sal
pimienta

PARA LA SALSA VERDE:

8 tomatillos dorados a la parrilla

2 chiles serranos dorados a la parrilla
1 diente de ajo
1 cebolla
½ taza de agua
1 taza de cilantro, y más para decorar
jugo de 1 limón

PREPARACIÓN:

Sazona el pescado con aceite de oliva, sal y pimienta, y lleva a una parrilla bien caliente o a un horno precalentado a 400°F. Cocina por 8 minutos por cada lado. Transfiere el pescado a una bandeja para servir. Luego, en una licuadora coloca los ingredientes para la salsa verde, licua por 1 minuto y deja a un lado. Para servir, baña el pescado con la salsa verde. Decora con cilantro.

tip de chef james >>

Te recomiendo que uses pescado fresco para esta receta. Recuerda que un buen indicador para saber esto es presionar con tu dedo el filete: si este vuelve a su forma original, significa que está fresco.

corvina con glaseado de azúcar moreno

PARA 2 PERSONAS

¡Estás a tan sólo 20 minutos de saborear esta maravilla de la cocina! Siempre digo que en la cocina prevalece la libertad de hacer lo que nos pida el paladar e implementar la creatividad, como en este caso combinar pescado y azúcar. Aunque te parezca raro, hemos venido probando pollo en salsa agridulce por muchos años, típico de la cocina asiática, así que no será tan raro para tu paladar el sabor de un pescado un poco más dulce. En este caso, la corvina es un pescado espectacular y de gran sabor que va muy bien con los glaseados dulces. A esta receta, al igual que a la mayoría, trato de darle un toque saludable, por eso te recomiendo que uses azúcar moreno. Aquí también es vital la preparación al horno para lograr que el sabor penetre bien los filetes de este delicioso pescado.

INGREDIENTES:

2 cucharadas de mostaza Dijon

¼ de taza de azúcar moreno

2 filetes de corvina

½ libra de guisantes dulces

2 cucharadas de aceite de oliva

¼ de taza de almendras fileteadas

sal

pimienta

PREPARACIÓN:

Mezcla en un recipiente para hornear la mostaza con el azúcar para formar una pasta y luego agrega una cucharada de la misma por encima de la corvina. Lleva a un horno precalentado a 450°F por 12 a 15 minutos. Retira el pescado del horno. En una olla honda con suficiente agua, cocina los guisantes dulces por 1 minuto y retira. Luego llévalos a un sartén con aceite de oliva y saltea con las almendras fileteadas por 2 minutos, sazona con sal y pimienta y sirve con la corvina.

bacalao con salsa de perejil acompañado con guisantes, tocino y jerez

PARA 4 PERSONAS

El bacalao es un tipo de pescado muy versátil y en esta versión de verdad que queda de maravilla. La textura de esta receta es sumamente cremosa, mientras que los jugos del tocino repotencian el sabor del tierno pescado que reposa sobre una cama de guisantes. Una ventaja es que puedes prepararla muy rápidamente ya que el bacalao es de fácil cocción. Y con la salsa de crema, le darás una sensación de relajación al paladar.

INGREDIENTES:

PARA LA TOCINETA Y LOS GUISANTES CON JEREZ

6 lonjas de tocineta picadas finamente

½ cebolla amarilla picadita

1 taza de guisantes

¼ de taza de jerez

PARA EL BACALAO

1 cucharada de mantequilla

1 cucharada de harina

1 taza de leche entera

2 cucharadas de crema de leche

1 libra de filetes de bacalao fresco

½ taza de cilantro picadito

PREPARACIÓN:

En un sartén saltea la tocineta hasta que esté crujiente, luego agrega la cebolla y cocina por 3 minutos. En seguida, agrega los guisantes, cocina por 2 minutos y por último agrega el jerez y reduce.

Para el bacalao, derrite la mantequilla en un sartén y luego agrega la harina, diluye bien y agrega poco a poco la leche para que espese rápidamente, y cocina por 1 minuto. Sazona con sal y agrega la crema y deja reducir a ¾. Agrega los filetes de pescado en la salsa y deja cocinar por 8 minutos. Después añade el cilantro justo al final y sirve sobre los guisantes.

salmón a la vinagreta

PARA 2 PERSONAS

Esta receta es prueba misma de que puedes disfrutar de una gran comida sin pasar mucho tiempo en la cocina. El salmón queda espectacular al sartén, y la vinagreta añade un toque de frescura a cada bocado. Cuando estoy cuidando las calorías, suelo acompañarlo con vegetales hervidos, pero también queda magnífico con arroz, que lo hace el plato predilecto para preparar cuando quieres algo rico y rápido.

INGREDIENTES:

- 2 filetes de salmón
- ½ taza de kétchup
- 1 chayote picadito
- ¼ de cucharadita de cebollines picados
- ¼ de taza de perejil picadito
- ½ taza de aceite de oliva
- 2 cucharaditas de salsa inglesa
- 2 cucharadas de salsa picante

PREPARACIÓN:

En un sartén a fuego alto dora el salmón previamente sazonado con sal y pimienta, 3 a 4 minutos de cada lado. Mientras se cocina, mezcla el resto de los ingredientes en un recipiente y agita bien con un tenedor hasta que estén bien integrados. Retira el salmón del sartén y sirve con un par de cucharadas de la vinagreta por encima.

pastas y arroces

Estos son unos de los ingredientes a los que más cariño les tengo debido a su poder para juntar familias porque me traen muy buenos recuerdos con mi familia. Y es que pónganse a pensar: en Latinoamérica muchas veces nos reunimos en familia para comer una paella. O para compartir una deliciosa pasta, por eso la expresión tan conocida de «la pasta de la abuela». Sencillamente, son ingredientes rendidores y de bastante tradición en Latinoamérica debido a la inmigración desde Europa, continente donde hay culturas que tienen la capacidad de juntar a muchos seres queridos, y para mí eso es sinónimo de alegría, por eso me encantan.

Pienso que una de las razones de esto es que son ingredientes sumamente económicos en todas partes del mundo. Este hecho permite que las comamos frecuentemente sin problemas. Además, debido a sus características, ambos ingredientes son increíblemente rendidores. ¡Recuerdo esas ollas de arroz en casa que nunca acababan! También ambos son muy fáciles de hacer, lo cual es muy conveniente cuando hay que cocinar para 10 personas y no se tiene mucho tiempo para gastar en la cocina.

No podemos obviar tampoco el peso que tienen estos ingredientes en las culturas española e italiana. Siendo la paella uno de los íconos de España y la pasta un gran patrimonio italiano, es lógico decir que la emigración de estos países a las naciones de América del Sur ha forjado bastante nuestras culturas. Y con esto, el qué y cómo comemos. Por eso también creo que estos ingredientes han sido bien acogidos en Latinoamérica.

Por otro lado, al haber tantas variedades de arroces y pastas, las posibilidades de lo que puedes hacer con ellos en la cocina son infinitas. Y antes de que empieces a preparar las deliciosas recetas que te esperan a continuación, quiero darte a conocer más acerca de estos mágicos ingredientes. Como chef, siempre quiero que aprendas cosas que no sabías antes, que te emociones de poder preparar tus propios platillos con estos ingredientes y que te pongas la meta de encantar a todos los paladares en casa.

pastas

Los únicos ingredientes que conforman las pasta son nada más y nada menos que: agua y harina. Así de simple es la fórmula mágica para tan único ingrediente. Sin embargo, dentro de esta simple fórmula existen también variaciones, como el tipo de harina con la cual se puede hacer la pasta, o las combinaciones del agua que se utiliza para crearla. Por ejemplo, recuerdo que la familia de un muy buen amigo, Mauro Scattolini, preparaba su propia pasta usando harina y agua mezclada con huevo. Hacían toda una actividad familiar alrededor de esto, la preparaban en la mañana y en la tarde la comíamos y la verdad es que les quedaba exquisita. Lo que más me gustaba era cómo la servían, recuerdo que nos sentábamos todos alrededor de una mesa y vertían toda la pasta (con todo y salsa, ¡¡imagínense!) directamente en la mesa. Así se comía tradicionalmente, algo que hasta hoy todavía disfruto con locura. Llamaban a esta pasta *sopra la tavola* y a los más pequeños de la casa nos tocaba el trabajo duro: ¡limpiar la mesa!

No me detendré mucho a explicar cómo hacer pasta casera porque normalmente es una labor que lleva tiempo, y lo que menos quiero con este libro es complicarte en la cocina. Además, no es necesario hacerla desde cero para que sea espectacular. Hoy en día puedes encontrar pasta de muy buena calidad y sabor en la mayoría de los supermercados, y se puede cocinar un platillo espectacular de pasta sin tanto esfuerzo. Y si no me crees, antes de cocinarla fíjate en el nivel de detalle que tienen algunas pastas. ¡Es impresionante! Eso es una buena señal, sin duda, de que el producto es de altísima calidad.

Una de las cosas que más me gustan de las pastas con respecto a su variedad es que existe un sinfín de alternativas: desde el clásico espagueti, pasando por los fabulosos canelones, hasta llegar a mi favorita: las papardelle. Existe una gran cantidad de recetas de pasta y muy poca gente que pueda resistirse a ellas. Podemos dividir el mundo de las pastas en tres grupos: pastas cortas, pastas largas y pastas rellenas.

■ La pastas cortas como las penne y los coditos se utilizan por lo general con salsas espesas que llevan trozos grandes de verdura o carne, o con salsa de mariscos. Esto se debe a que hacen mucho más fáciles los bocados, que ya vienen bastante cargados por la salsa. Ahora bien, esto no significa que nunca te vayas a encontrar una salsa con grandes trozos sobre una cama de pasta larga o que tienes que salir al súper para comprar una pasta corta porque no te serviría la larga con la salsa que ya tienes hecha, es sencillamente algo que vale la pena tener en cuenta a la hora de elegir tu pasta.

- Por otro lado, las pastas largas como el espagueti y los tallarines tienden a servirse con salsas de tomate ligeras, aceites, cremas suaves y líquidas. Aquí la regla es: mientras más grueso el fideo, más se adherirá la salsa a él y garantizarás un bocado con más sabor. También debes tener en cuenta que mientras más grueso el fideo, más tardará en cocinarse para que quede *al dente*.

- En el caso de las pastas rellenas, la salsa sirve para potenciar el sabor del relleno. Normalmente se sirven con jugo de carne, o se trata de salsas que combinan bien con lo que la pasta lleva por dentro. Entre las más populares de este grupo tenemos los ravioli, los capelletti y los sorrentini. Particularmente pienso que estas pastas son sensacionales porque cada bocado es como una explosión de sabor al juntarse con la salsa que lo acompaña.

cómo cocinar pasta al dente

Todos hemos escuchado que el punto perfecto para comer la pasta es *al dente*. Y es que no hay nada más desagradable que una pasta sobrecocida y que se sienta «chiclosa». Pero, ¿qué significa en realidad *al dente*? En español se traduce literalmente como «al diente» y se refiere a cómo debería quedar la pasta luego de haber sido cocinada. Esta debería ser un poco firme, presentando incluso cierta resistencia ante los dientes.

Para obtener este punto predilecto en el cual debemos comer la pasta es necesario tomar ciertas consideraciones al momento de hacerla. Lo primero que debes hacer es saber la cantidad correcta de agua que necesitará para cocinarse. Normalmente se calcula 1 cuarto de galón de agua por cada cuarto de libra de pasta, y de no hacer esto nos arriesgamos a que la pasta quede pegajosa. Esto ocurre porque los fideos desprenden almidón mientras se cocinan, y si no hay la suficiente cantidad de agua para disolverlo, este se adhiere nuevamente a ella. Ahora bien, si la olla que tienes no es suficientemente grande para toda el agua, puedes agregar un chorrito de aceite al agua. El almidón se adhiere a este y así no termina de nuevo en tu pasta.

Una vez calculada el agua, debes llevarla a hervor, y justo en este punto le añadirás una cucharada de sal por cada cuarto de galón. Esto se hace para que la pasta absorba un poco de sal y que el resultado final tenga más sabor. Luego, lo único que queda por hacer es agregar la pasta y tapar la olla nuevamente. Cuando notes que el agua vuelve a hervir, destapa y revuelve un poco la pasta. Cada dos minutos revuelve la pasta hasta que se complete el tiempo de cocción indicado por el paquete.

Para saber si la pasta está lista, puedes probarla o cortar un pedazo e inspeccionar la parte de adentro. Si está más clara que la parte de afuera, la pasta todavía no está lista. (Eso sí, si vas a hornear la pasta, debes sacarla un poco cruda para que esta luego se termine de cocinar con el calor del horno).

Cuando la pasta esté lista, escurre rápidamente el agua y sirve de inmediato. Te recomiendo que tengas la salsa con que vas a servir la pasta en los platos, de esta manera podrás guardar la pasta y la salsa por separado si sobran. Aunque por lo menos en mi caso, ¡mi familia es muy comelona y casi nunca sobra!

arroces

¡En todas partes del mundo la gente ama el arroz! A que no sabías que es el segundo cereal más producido en el mundo después del maíz. Increíble, ¿no? En la actualidad, existen más de 90.000 muestras de arroz cultivado y de especies salvajes en el Banco Genético Internacional de Arroz. Eso significa que podríamos probar un arroz diferente por los próximos 245 años y todavía no los habríamos comido todos. ¡Así de diverso es este increíble cereal!

En la cocina latinoamericana y en muchas otras, el arroz es el acompañante por excelencia que no puede faltar en ningún plato. Esto se debe a que tiene un sabor suave que va muy bien con carnes, mariscos, pescados, salsas y vegetales. Es más, nos gusta tanto que algún genio lo convirtió en postre, creando el famoso arroz con leche.

El arroz también es muy utilizado en las cocinas asiáticas. Por ejemplo, en Japón es uno de los protagonistas del popular sushi y el ingrediente de donde se deriva el peculiar licor llamado sake. En China lo utilizan para una gran variedad de recetas como el arroz frito y su infinidad de versiones, y en India también es muy bien venerado y vital para platos como el *biryani,* arroz con una mezcla de especias, carne o vegetales. Del mismo modo, en Italia también el arroz es muy popular, siendo el componente principal de los exquisitos risottos, un platillo que muchos no podemos resistir.

Siempre bromeo y digo que los diferentes tipos de arroz se pueden comparar con la personalidad de cada uno. Hay unos que requieren más cocción y son duros, a estos los llamo arroces gruñones, y hay otros que son más fáciles de cocinar, a los que llamo granos gentiles. Pero para evitarles confusiones, les cuento que en el mundo se dividen como arroz de grano largo, arroz de grano medio y arroz de grano corto. Como sus nombres lo indican, estos se diferencian mayormente por el tamaño del grano y por lo tanto se utilizan para diferentes cosas.

> En la actualidad, existen más de 90.000 muestras de arroz cultivado y de especies salvajes en el Banco Genético Internacional de Arroz.

- El arroz de grano largo posee una gran cantidad de amilosa y por eso necesita una cantidad considerable de agua para ser cocinado y, por supuesto, más tiempo. Este también es uno de los más empleados en las cocinas china e india, y luego de ser cocinado se vuelve firme y queda sueltecito.

- Por otro lado, el arroz de grano medio, igualmente conocido como arroz bomba, es muy empleado en la cocina española, siendo el predilecto para las deliciosas paellas. A su vez, esta versión es muy utilizada en toda América Latina y, si eres hispano, probablemente hayas crecido comiendo este arroz. Debido a su forma y características, también puede ser utilizado para hacer risotto. Aunque los granos tradicionales en Italia para este platillo son el arroz carnaroli o el arroz arborio.

- Por último, nos queda hablar un poco acerca del arroz de grano corto. Este suele ser encontrado en Japón, el norte de China y en Corea. Por su forma casi redondita y su capacidad para mantenerse unidos, estos granos son ideales para la elaboración de sushi. Además, este es el arroz que se usa para preparar el delicioso arroz con leche, así que de seguro que esta versión se ha ganado un poco del corazón de ustedes los lectores.

la mejor forma de cocinar arroz

A pesar de tener una preparación fácil, hay veces en que el arroz no queda como quieres. Y esto se debe primordialmente a algún error cometido en el momento de la preparación. ¡No existe eso de tener mala mano para hacer arroz! Además, esto le suele pasar a mucha gente, por eso he incluido unos rápidos tips que te ayudarán a tener un arroz suculento y sueltecito siempre.

- Asegúrate de cocinar el arroz en una olla que esté en buen estado. Muchas veces la gente ignora este pequeño detalle y el arroz termina pegándose a la parte interior de la misma, lo cual deteriora la calidad de los granos.

- La medida por excelencia es 2 tazas de agua por 1 taza de arroz. Este pequeño detalle puede hacer la diferencia entre un arroz sueltecito y uno pastoso. Ten en cuenta que esto aplica más que todo para el arroz blanco: la cantidad de agua que utilices puede variar según el tipo de arroz, por ejemplo, deberás utilizar 2 tazas y media de agua por 1 taza de arroz integral.

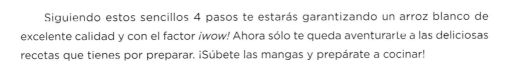

- Una vez que hayas seleccionado la cantidad de arroz (blanco) que vas a preparar, procede a verterlo sobre una olla con un chorrito de aceite de oliva y, si te gusta, un diente de ajo. Remueve bien hasta que todo el arroz esté empapado de aceite. Luego, procede a agregar las tazas de agua correspondientes.

- Es importante estar atento al momento en que hierva el agua. Fíjate cuando esta llegue a ese punto y luego continúa cocinando a fuego lento por 20 minutos, cubierto. De no hacerlo, te arriesgas a que el agua se evapore muy rápido y el arroz se pegue.

Siguiendo estos sencillos 4 pasos te estarás garantizando un arroz blanco de excelente calidad y con el factor ¡wow! Ahora sólo te queda aventurarte a las deliciosas recetas que tienes por preparar. ¡Súbete las mangas y prepárate a cocinar!

linguine con salsa chipotle-marinara

PARA 4 A 6 PERSONAS

En esta receta damos un toque a la pasta que se sale de lo común al agregarle un poco de chipotle a una clásica salsa marinara. El chipotle aporta una nota ahumada y ligeramente picante. ¡El resultado es exquisito!

INGREDIENTES:

1 libra de pasta linguine

aceite de oliva

1 cebolla picada finamente

4 dientes de ajo picados finamente

2 ramilletes de apio picados finamente

2 zanahorias picadas finamente

32 onzas de tomates triturados rostizados

2 hojas de laurel

sal

pimienta

4 cucharadas de pasta de chipotle

orégano fresco para decorar

PREPARACIÓN:

Sigue las instrucciones del empaque para cocinar la pasta. Por otro lado, en una olla honda comienza por saltear la cebolla, el ajo, el apio y las zanahorias hasta que ablanden. Luego, agrega los tomates y las hojas de laurel, sazona con sal y pimienta para después agregar la pasta de chipotle. Cocina por 1 hora a fuego lento sin tapar y revolviendo de vez en cuando. Sirve con la pasta linguine. Coloca hojas de orégano fresco por encima.

tip de chef james >>
¿Cuánta sal debe llevar el agua en la cual se cocina la pasta? La suficiente para que el agua te sepa a agua de mar. Si vives cerca de la playa no temas en ir a buscar el agua directamente del mar, y así no te preocuparás por el punto de sal.

pasta con pesto de cilantro

PARA 4 PERSONAS

La salsas deben siempre realzar el sabor del plato para el cual son creadas, nunca deben opacarlo. Y esta pasta de pesto de cilantro de verdad que cumple a la perfección con este objetivo. Teniendo el cilantro un sabor tan especial, es el sustituto perfecto de la albahaca en el pesto. Esta receta es ideal para los almuerzos para los que no cuentas con mucho tiempo para cocinar. Nació cuando creaba el menú de *brunch* de Sabores by chef James, mi restaurante en Miami, donde quería crear una pasta al pesto, pero con mis ingredientes latinos.

INGREDIENTES:

- 2 tazas de cilantro
- ½ taza de aceite de oliva
- 1/3 de taza de pepitas tostadas
- ½ taza de queso Cotija molido
- jugo de 2 limones
- 2 dientes de ajo
- 1 libra de pasta penne

PREPARACIÓN:

En una licuadora, agrega el cilantro, el aceite de oliva, las pepitas, el queso, el jugo de limón y los dientes de ajo. Licua hasta que la mezcla esté integrada y cremosa. Luego cocina la pasta siguiendo las instrucciones del paquete. En seguida, en un recipiente coloca unas 4 cucharadas de la salsa pesto que acabas de preparar, lleva la pasta directamente de la olla al recipiente y mezcla bien con la salsa. Sirve, ¡y buen provecho!

lasaña enchilada

PARA 4 A 6 PERSONAS

¡Esta es una receta que te garantizo que dejará a todos con la boca abierta! Si te gustan la lasaña tradicional y los tacos, entonces te encantará esta creación mexicana. A mí me encanta porque tiene un toque casero; de alguna manera u otra, siempre me hace muy bien comerla. Aparte de que tiene chile ¡y ya saben ustedes cuánto me gustan los chiles! ¡Ese toque de picante nos hace sentir vivos! Pero lo más interesante de este platillo es que lo preparé en una competencia donde me tocaba tomar un papelito de un recipiente y otro de otro. En uno había papelitos con los nombres de países, y en el otro, platillos típicos de esos países. Me tocaron México y lasaña. Como se imaginan, la competencia se basaba en crear un platillo que juntara los dos papelitos, así que creé esta receta. Al final salió tan bien, que decidí incluirla aquí y compartirla con ustedes.

INGREDIENTES:

- 2 cucharadas de aceite de oliva
- 20 tortillas de maiz
- 1 libra de pollo desmenuzado
- 4 chiles poblanos rostizados, picados
- 1 libra de queso fresco mexicano rallado
- 2 tazas de crema mexicana
- 1 taza de cilantro picado
- 2 cebollas moradas picadas finamente
- 3 tomates picados
- 1 cucharada de comino

PREPARACIÓN:

Comienza por tomar un molde para hornear, agrega unas dos cucharadas de aceite de oliva en el fondo y luego cubre todo el fondo con tortillas. Después, forma niveles con los diferentes ingredientes, comienza por el pollo, luego los chiles poblanos, el queso mexicano, la crema, el cilantro, la cebolla, los tomates, un poquito de comino y coloca nuevamente las tortillas. Sigue este orden hasta llenar todo el molde y termina con el queso. Asegúrate de hacer rendir el comino para todos los niveles de la lasaña.

Hornea (sin tapar) por unos 25 minutos a 400°F y estará lista para servir.

platos principales

243

arroz con chorizo

PARA 4 A 6 PERSONAS

Una gran alternativa para servir en reuniones familiares porque, como todo platillo de arroz, rinde bastante. Además, el gran sabor del chorizo sazonará de manera espectacular el arroz, dándole ese gusto ahumadito que sin duda agradará a todos en casa. ¡Manos a la obra!

INGREDIENTES:

4 chorizos picantes

aceite de oliva

1 cebolla morada picada en tiras o juliana

4 dientes de ajo machacados

1 pimiento rojo picado en tiras o juliana

1 cucharada de páprika ahumada

1 taza de arroz

¼ de taza de jerez

2 tazas de caldo de pollo

perejil picadito para decorar

PREPARACIÓN:

Para comenzar, con un chuchillo haz un corte fino en la superficie de los chorizos para sacarles el relleno y luego desecha la envoltura.

En una olla honda, agrega un chorrito de aceite de oliva, seguido del chorizo y comienza a dorar a fuego alto. Retira el chorizo y deja a un lado.

En seguida, en la misma olla agrega la cebolla, el ajo, el pimiento y saltea a fuego medio por unos 4 minutos. Después, agrega la páprika y cocina por 1 minuto más. Regresa los chorizos a la olla, agrega el arroz y comienza a tostar ligeramente con el resto de los ingredientes.

Luego, agrega el jerez y usa una cuchara de madera para despegar todas las partículas del fondo de la olla y en seguida agrega el caldo de pollo. Deja cocinar siguiendo las instrucciones del paquete y una vez que esté cocido, termina colocando un poco de perejil picadito. Sirve.

arroz salvaje con champiñones

PARA 4 A 6 PERSONAS

Cuando hablamos de arroz, particularmente en Latinoamérica, solemos pensar en el típico arroz blanco. La realidad es que, como ya mencioné, existen miles de tipos de arroz en el mundo y entre ellos unos de los más conocidos es el arroz salvaje. Un sabor característico, un color distintivo y una gran complejidad de sabores en el paladar hacen de este arroz un producto fascinante. La primera vez que lo probé fue en la escuela de cocina y la verdad me cautivó por su textura y notas que se asemejan a la nuez y a la avellana. En este caso lo preparo a la manera de una receta casera, usando champiñones, que complementan perfectamente el sabor complejo del arroz. ¡Espera a que lo pruebes!

INGREDIENTES:

    1 taza de arroz salvaje
    2 cucharadas de mantequilla
    ½ cebolla picada finamente
    ½ libra de champiñones mixtos
    ¼ de taza de márzala
    4 cucharadas de arándanos secos
    perejil picadito para decorar
    1 cucharada de aceite de oliva

PREPARACIÓN:

Cocina el arroz siguiendo las instrucciones del paquete. Luego, en un sartén aparte derrite la mantequilla y comienza a saltear la cebolla a fuego medio alto. Una vez transparentes (aprox. 3-4 minutos), agrega los champiñones y cocina por 3 minutos. En seguida, agrega el vino márzala y reduce unas ¾ partes. Una vez listo el salteado, agrega al arroz previamente cocido seguido del perejil, los arándanos y el aceite de oliva, y estará listo para ser servido.

tip de chef james >>
Este platillo es vegano por excelencia, pero si eres de los que les gusta agregar un poco de proteína a los platos, te recomiendo que le añadas una pechuga de pollo picadita y lo mezcles con el resto de los ingredientes.

arroz chaufa de pollo

PARA 4 A 6 PERSONAS

De la gran combinación de las cocinas asiática y latina nace esta increíble receta que hoy estarás preparando en casa. Perfecto concepto de cocina rápida, la incluí en el libro porque es muy sencilla y fácil de hacer y, además, nos ayuda a usar de manera deliciosa las sobras de arroz del día anterior. En pocas palabras, es una receta que le pondrá a cualquiera una sonrisa en la boca.

INGREDIENTES:

    3 cucharadas de aceite de sésamo

    1 huevo batido

    ¼ de taza de cebollín picado finamente

    1 cucharadita de ajo machacado

    ¼ de pimentón rojo picado finamente

    1 cucharadita de jengibre rayado

    8 onzas de pollo en cubos

    1 taza de arroz del día anterior

    2 cucharadas de salsa de soya

PREPARACIÓN:

En un sartén muy caliente agregar un chorrito de aceite de sésamo y añadir el pollo en cubos. Cocinar por 4 a 5 minutos y retirar el pollo del sartén. En el mismo sartén cocinar el huevo batido y retirar del sartén. De nuevo, en el mismo sartén agregar el cebollín, el ajo, el pimiento, el jengibre y cocina a fuego medio por 2 minutos. Añadir el pollo, el arroz y la salsa soya y cocina a fuego alto por 30 segundos. Regresa el huevo y agrega por último otro chorrito de aceite de sésamo y sirve.

paella

PARA 6 PERSONAS

Podría describir esto como una obra de arte, una obra maestra, pintoresca, colorida llamativa y artística. Con mariscos que decoran su parte superior, acompañado de vegetales que a su vez aromatizan el arroz en el que se cocinan, resulta un platillo muy poético. Te doy esta apasionada descripción del platillo porque sé que esta receta puede parecer intimidante para muchos, pero la verdad es que si sigues los pasos, te saldrá muy bien. Además, una vez que pruebes lo bien que te queda, no pensarás en ir a un restaurante la próxima vez que se te antoje comer paella.

INGREDIENTES:

aceite de oliva

1 cebolla finamente picada

4 dientes de ajo machacados

1 pimiento rojo cortado en cuadritos

1 cucharada de páprika ahumada

1 libra de arroz valencia

1 taza de vino blanco

sal

pimienta

2 cuartos de galón de caldo de pollo o caldo de camarón

½ libra de pescado blanco

½ libra de camarones

15 unidades de mejillones

½ libra de calamares

1 pizca de azafrán (opcional)

perejil para decorar

1 limón amarillo para decorar

PREPARACIÓN:

En un sartén grande vierte un chorrito de aceite de oliva para luego agregar la cebolla, el ajo, el pimiento y deja cocinar a fuego medio alto por 3 minutos. Después, agrega la páprika, cocina por 1 minuto más y luego agrega el arroz para cubrirlo con el aceite en este punto aromatizado. Agrega el vino blanco y reduce a ¾.

Una vez reducido, sazona con sal y pimienta y agrega el caldo de pollo. Tapa el sartén y deja cocinar a fuego medio bajo hasta evaporar el líquido, apaga y luego

agrega el pescado, los mariscos y el azafrán (si se está usando). Tapa nuevamente y 5 minutos después revuelve bien. Termina con aceite de oliva, perejil y limón.

tip de chef james >>

Aunque hay muchas personas a las que les gusta revolver la paella mientras se cocina, te recomiendo dejarla estática durante este proceso para evitar que el arroz desprenda más almidón, el cual, al revolver, termina haciendo que la paella tenga una textura gelatinosa. Además, el no moverla garantiza que se forme esa costra crujiente en la base de la olla que a muchos nos gusta y que todos conocemos como el famoso «pegao».

gnocchi de batata

PARA 4 A 6 PERSONAS

Hay pocas cosas más gratificantes en la cocina que hacer tus propios *gnocchi*. En este caso, para mantenerlos más sanos y darles un toque diferente, te enseño cómo hacerlos con batata. Te prometo que serán un espectáculo de sabor que todos en casa disfrutarán.

INGREDIENTES:

1 taza de puré de batata

1 taza de ricota

2 huevos

½ taza de queso parmesano rallado, más un poco para terminar

2 tazas de harina

6 cucharadas de mantequilla

1 libra de champiñones picados en láminas

3 ramas de tomillo

2 ramas de romero

2 dientes de ajo machacados

¼ de taza de vinagre balsámico

PREPARACIÓN:

En un recipiente, mezcla el puré de batata, la ricota, los huevos y el queso parmesano e incorpóralos bien hasta formar una masa. En seguida, agrega 1½ taza de harina para que la masa quede bien pegajosa. Continúa amasando para después formar una bola. En una superficie plana, agrega la harina restante, divide la masa en 8 pedazos iguales y forma una culebra 15 pulgadas de largo y 1 pulgada de grosor. A continuación, corta en trozos de 1 pulgada y usa un tenedor para marcar la superficie de los *gnocchi* haciendo un poquito de presión. Lleva a hervor una olla con ¾ de agua y cocina los *gnocchi* hasta que estos suban y floten en la superficie. Para hacer la salsa, derrite la mantequilla a fuego alto en un sartén, luego agrega los champiñones, el tomillo, el romero, el ajo y el vinagre balsámico, y reduce hasta que los champiñones estén cubiertos y glaseados. Posteriormente, toma los *gnocchi* y llévalos al sartén y mezcla con los champiñones y la salsa. Luego sirve y agrega queso parmesano.

arroz sénia con fondo de anguila y cerezas

PARA 4 A 6 PERSONAS

Antes de terminar esta sección de platos fuertes, te dejo con algo muy especial. He dedicado este libro a la cocina fácil, rápida y, sobre todo, conveniente, pero no quería desaprovechar el momento para plasmar lo que puede llegar a ser un mundo aparte: cocina de vanguardia, cocina sofisticada y bastante elaborada, que dentro de todo también resalta la sencillez y el respeto por los productos e ingredientes que se usan para su elaboración. En este caso, siendo fanático de los arroces, quise incluir una receta que me compartió un muy buen amigo y chef a quien respeto y admiro, Quique Dacosta, quien con su trabajo ha obtenido el mayor galardón en la industria de los restaurantes: 3 prestigiosas estrellas Michelin para su restaurante Quique Dacosta, en Denia, España. Para aquellos aventureros que están dispuestos a atreverse a más, este es el reto que les tengo. Prepárala y no dejes de compartirla con nosotros a través de tus redes sociales mencionando a @chefjames y @qiqedacosta

PARA EL FONDO DE ANGUILA AHUMADA

INGREDIENTES:

13 onzas de anguila ahumada

1 cucharada sopera de aceite de oliva para freír

12 onzas de anguila fresca

1 diente de ajo morado sin pelar

1 onza de aceite de oliva

3½ onzas de cebolla tierna

3 onzas de zanahoria

3 onzas de puerro (la parte blanca)

1½ onzas de carne de aloe vera troceada y sin aloína
   (carne de aloe vera de 5 años)

6 granos de pimienta negra

10½ onzas de piel de rape

12 onzas de garbanzos secos

1¾ galones de agua mineral

4 ramas de romero silvestre del Montgó

1 cucharada sopera de sal

PREPARACIÓN:

Trocea y fríe la anguila ahumada en abundante aceite de oliva. Dórala uniformemente y escúrrela bien con papel absorbente. Eviscera, desangra y pica la anguila fresca. Fríe en el mismo aceite que la anguila ahumada y escurre bien con papel absorbente. Reserva el aceite.

Dora el ajo en una cazuela con 1 onza de aceite de oliva, luego incorpora las verduras peladas y troceadas con el aloe vera. Deja que tomen color y añade la pimienta, la piel de rape, las anguilas fritas y los garbanzos previamente hidratados. Cubre con agua mineral y llévala a hervor. Mantén a fuego suave, sin que hierva, durante 6 horas. En ese momento, incorpora el romero para que se infusione. En seguida, deja reposar el conjunto 6 horas más y cuela. Agrégale más sal si lo consideras necesario.

PARA EL ACEITE DE OLIVA AL ROMERO

INGREDIENTES:

½ galón de aceite de oliva virgen suave

1 cuarto de galón de aceite de pepitas de uva

10½ onzas de romero silvestre del Montgó.

PREPARACIÓN:

Infusiona los ingredientes envasados al vacío a 176°F durante 1 hora. Deja reposar 6 horas en frío. Cuela y guarda.

PARA LOS BOLINDRES DE CEREZA

INGREDIENTES:

2 libras de pulpa de cereza picota

17 onzas de agua mineral

1 onza de azúcar

½ onzas de aloe vera en polvo

1 cucharada sopera de aceite de oliva al romero (elaboración anterior)

PREPARACIÓN:

Decanta la pulpa de cereza y pásala por una estameña. Recupera los posos y mézclalos con el agua. Deja reposar por 2 horas más, decanta y cuela.

Con este procedimiento obtendrás cerca de 1 cuarto de galón de pulpa de cereza limpia. Incorpora a la mitad del líquido el azúcar, el aloe en polvo y lleva a hervor. Retira del fuego y agrega la otra mitad de pulpa de cereza limpia. Pasa el líquido, todavía tibio, a una jeringa y deja caer gotas sobre el aceite de romero frío. Deja enfriar y coagular los bolindres unos 12 minutos. Cuela y guarda.

PARA LA ELABORACIÓN DEL ARROZ
(LA CEBOLLA + LA SEPIA + LAS 2 FASES DE COCCIÓN DEL ARROZ)

La cebolla *noisette*

INGREDIENTES:

 3½ onzas de mantequilla *noisette*
 3½ onzas de cebolla tierna

PREPARACIÓN:

Pon la mantequilla en un recipiente de metal amplio y, una vez caliente, añade la cebolla picada. Póchala durante 3 horas, hasta que quede tierna y con un color tostado uniforme. Todavía caliente, cuélala y recupera toda la mantequilla. De este modo se consigue un sabor especial en la cebolla pero nada de grasa.

La sepia

INGREDIENTES:

 17½ onzas de sepia fresca del Mediterráneo

PREPARACIÓN:

Eviscera y limpia la sepia. Pícala en dados finos y regulares, y guárdalos.

1ª fase de la cocción del arroz

INGREDIENTES:

 1 cucharada del aceite donde fue frita la anguila ahumada
 2 onzas de cebolla *noisette*
 9 onzas de arroz sénia con D.O. Valencia
 1¾ libras de caldo de anguila ahumada

PREPARACIÓN:

Sofríe en el aceite de anguila ahumada la cebolla *noisette*. Luego añade el arroz e inmediatamente el caldo caliente. Es importante no sofreír el arroz para evitar la impermeabilización del grano. De esta manera absorberá más fácilmente el sabor del resto de ingredientes. Con el primer hervor, baja el fuego y cocina durante 8 minutos. Detén la cocción colando la mezcla y enfriando el arroz. Recupera el caldo para la segunda fase de la cocción.

2ª fase de la cocción del arroz

INGREDIENTES:

- 2 cucharadas del aceite donde fue frita la anguila ahumada
- 2 onzas de sepia picada
- 4½ onzas de caldo de la precocción
- 5½ onzas de arroz precocido

PREPARACIÓN:

Con 1 cucharada de aceite, sofríe la sepia picada. Añade el caldo y cuando hierva introduce el arroz. A este arroz tan sólo le quedarán 4 minutos de cocción para que esté perfectamente cocido. En estos últimos minutos, muévelo continuamente. Para terminar, añade el aceite restantes que reforzarán los aromas ahumados de la anguila que pudieran haberse evaporado durante la cocción.

ACABADO

INGREDIENTES:

- 6 cerezas
- 1 cucharada sopera de flores de romero

PREPARACIÓN:

Sirve el arroz en un plato hondo. Culmina con 3 medias cerezas, los bolindres y las flores de romero.

Estos son unos de los ingredientes a los que más cariño les tengo debido a su poder para juntar familias porque me traen muy buenos recuerdos con mi familia.

el broche de oro
postres espectaculares

¡La debilidad de muchos y la alegría de todos son los postres! Y si hay alguien que lo sabe bien es mi madre, pues la muy sabia me decía que me daría un baklava —postre de origen árabe y uno de mis favoritos— si organizaba mi cuarto, hacía las tareas o me portaba bien. ¡Y hasta el día de hoy sigue funcionando! Estoy dispuesto a hacer cualquier cosa por un baklava.

Soy de los que cree que todo gran chef de casa debe tener una buena variedad de recetas para preparar y así poder combinarlas para vencer a la rutina en la cocina. ¡Y es que el mundo de los postres es muy extenso! Por eso he incluido recetas de tortas, pudines, helados, tiramisús, crepas, mousses y otros platillos más, con ingredientes comunes y algunos que ni te imaginas, que se convertirán en la sensación en tu casa. Especialmente si hay niños en el hogar, y por experiencia te digo que estos son los críticos más sinceros que hay en la cocina.

Aprender a preparar postres es muy importante para el entrenamiento de un chef porque es una de las áreas de la cocina donde hay que estar más atento. Aquí no aplica lo que acostumbro decirte de que utilices las recetas como guías pero que no te gobiernen, porque cuando se trata de preparar estos postres, el éxito está en seguir la receta al pie de la letra. Imagínate que la receta de un postre es como una fórmula matemática: con cambiar sólo un pequeño elemento se te derrumba toda la ecuación. Por eso hay que resistir la tentación de cambiar ciertas cositas aquí y allá y de sustituir ingredientes porque se desequilibra la fórmula y podrías estropear el resultado final.

Ahora, como todo en la cocina, una vez que vayas aprendiendo y entendiendo más acerca de la repostería, te puedes animar a ser más flexible con las recetas y a hacerlas más tuyas dándoles los toques que te apetezcan. Y porque quiero ayudarte a acelerar este proceso de aprendizaje, he incluido una lista de consejos generales que te ayudarán a cocinar de manera rápida eficientes y deliciosos postres, ahorrándote errores y frustraciones.

tips para que obtengas los mejores postres:

- Es muy importante que tengas en la cocina los instrumentos que te permitan medir de manera acertada los ingredientes. Para esto te recomiendo que utilices balanzas de precisión bien ajustadas. Si no tienes en casa, ¡vale la pena comprarlas! Y no te olvides de asegurarte de que estas muestren cero antes de empezar a pesar los ingredientes, para evitar errores.

- Seguir las instrucciones de temperatura es muy importante en la repostería, y desafortunadamente todos los hornos son diferentes. Por eso te recomiendo que compres un termómetro pequeño para horno, para ayudarte a regular la temperatura según las necesidades de la receta.

- Cada vez que abrimos un horno encendido, hacemos que el calor se escape rápidamente, lo que termina afectando la temperatura de cocción y a su vez, el resultado de nuestro postre. ¡Resiste la tentación de hacerlo! Trata de abrir el horno sólo cuando sea estrictamente necesario.

- Es muy importante engrasar apropiadamente los moldes que irán al horno al momento de hacer pasteles. Para esto te aconsejo que te asegures de engrasarlos bien con una barra de mantequilla y que luego agregues una o dos cucharaditas de harina. Después de esparcirla bien por todo el molde, elimina el exceso. El molde debería tener en todo su interior una superficie uniforme de harina que ayudará a que el paste no se pegue a los lados del envase y para que levante apropiadamente.

- Es importante pasar los ingredientes secos como la harina y el azúcar por un tamiz o colador antes de comenzar a incorporarlos en la receta. Esto eliminará todos los grumos y te ahorrará tiempo a la hora de mezclarlos.

- La experiencia me ha enseñado que los ingredientes suelen mezclarse mejor cuando están a temperatura ambiente. Por esta razón, te recomiendo que saques los huevos, la leche, la mantequilla o cualquier otro ingrediente del refrigerador un tiempito antes de que tengas que utilizarlos. Esto te garantizará un mejor y más fácil mezclado.

- Cuando añadas huevos o yemas de huevo a una mezcla, hazlo de manera pausada y uno a la vez. Así evitarás que se formen grumos o que se cuaje la mezcla.

- Siempre que vayas a hornear algún postre, colócalo en la rejilla del medio a menos de que la receta indique lo contrario.

- Asegúrate de tener las manos muy limpias y de que todos los instrumentos que vayas a utilizar estén del mismo modo. Esto incluye las superficies donde trabajarás la preparación de tus postres. Cocinar postres es mucho más fácil de hacer si tienes espacio, así que mueve lo que tengas que mover para que estés a gusto. Puedes volver a poner todo en su puesto una vez que termines.

- ¡Recuerda seguir las recetas al pie de la letra! Usa los ingredientes correctos y en las cantidades señaladas. Sé que ya he hecho bastante hincapié en este punto, pero quiero asegurarme de que todos tus postres siempre cuenten con el factor ¡wow!

pastel de chocolate

¿A quién no le gusta el chocolate? Esta receta nace como inspiración de esas super tortas de chocolate que sirven en muchos restaurantes en todo el mundo. Desde chico siempre tuve la duda de cómo poder prepararla en casa, y a medida que aprendí a cocinar me dediqué a prepararla para poder matar esos antojitos de dulce que dan de vez en cuando. Sin embargo, a pesar de que me quedaba buenísima, luego de comerla me pasaba algo que le pasa a mucha gente: ¡me entraba el remordimiento! Por eso, en este caso preparé una versión que mantiene el sabor intenso a chocolate, pero hice algunos recortes aquí y allá para aligerar un poco las calorías, sin sacrificar el sabor.

INGREDIENTES:

1½ taza de harina

1½ taza de azúcar moreno

1 taza de cacao en polvo

1 cucharada de bicarbonato de soda

2 cucharadas de polvo para hornear

½ cucharada de sal

1 taza de leche

½ taza de aceite de oliva

2 huevos

1 cucharada de extracto de almendra

1 cucharada de extracto de naranja

½ taza de colado

PARA LA SALSA DE CHOCOLATE:

⅓ de taza de sirope de maíz ligero

2 cucharadas de extracto de almendra

⅓ de taza de azúcar moreno

1 cucharada de licor de naranja *triple sec*

12 onzas de chocolate semidulce

1 taza de crema de leche

1 taza de frambuesas o moras rojas

PREPARACIÓN:

PARA EL PASTEL

¡La preparación es muy sencilla! Mezcla todos los ingredientes secos en un tazón y deja a un lado. Luego, mezcla todos los ingredientes líquidos y en seguida junta todos los ingredientes con una batidora hasta obtener una mezcla homogénea. Después, lleva a un molde para pasteles sin engrasar y hornea por unos 40 minutos a 350°F. Retira del horno y deja enfriar.

PARA LA SALSA

En una olla a fuego medio, coloca el sirope de maíz, el extracto de almendra, el azúcar moreno, el *triple sec* y cocina hasta disolver el azúcar. Deja enfriar.

Mientras tanto, derrite el chocolate a baño María y, una vez derretido, agrega la crema de leche e incorpora. Por último, agrega el jarabe hecho con el licor de naranja y deja enfriar ligeramente. Después, en la batidora, agrega las mezclas ya frías de sirope y el chocolate. Mezcla durante 3 minutos.

Deja correr la salsa de chocolate por encima del pastel. Decora con moras por encima.

¡La debilidad de muchos y la alegría
de todos son los postres!

paletas heladas de frutas

PARA 6 A 8 PERSONAS

Siempre fui fanático de las paletas, frías, refrescantes y coloridas. Un día, viendo una revista de bienestar noté unos cubos de hielo con frutitas y menta congeladas dentro y pensé «¡Qué buena idea!», así que intenté varias versiones hasta que di con esta receta de paletas de sandía que es maravillosa. Además, es perfecta para involucrar a los pequeños en casa debido a su facilidad de preparación.

INGREDIENTES:

1 sandía cortada y sin semillas

2 cucharadas de agua

½ taza de azúcar

1 kiwi

1 naranja

6 ramas de menta

Necesitarás 6 moldes para paletas.

PREPARACIÓN:

En un procesador, agrega la pulpa de la sandía —sin semillas— y procesa hasta que tome una consistencia líquida, luego deja a un lado.

En una olla para salsas, agrega el agua y el azúcar y cocina para hacer un sirope simple. Mezcla el sirope con la pulpa de la sandía y luego corta las frutas en trozos pequeños para decorar. Coloca un par de trozos de fruta en los moldes, una hoja de menta fresca, agrega la pulpa de la sandía y lleva al congelador por unas 6 horas.

Retira de los moldes y estará listo para ser compartido.

> ## tip de chef james >>
> Si hiciste un poco de mezcla de más, viértela sobre una bandeja de hielo y congélala. Pronto tendrás cubitos de hielo con sabor a frutas que puedes disfrutar solos o puedes añadir a una jarra de agua para darle sabor.

pudín de pan a la tres leches

PARA 12 PERSONAS

La inspiración para esta receta fue las ganas de reinterpretar el tres leches de una forma más sencilla. Y es que la parte que puede llegar a ser difícil del tres leches es cuando toca hornear la torta de esponja. Para esto decidí usar lo que en los Estados Unidos se llama postre de los pobres (*bread pudding* o budín de pan), ya que se usan pedazos de pan viejo que son rehidratados con una mezcla de huevo y crema. Al combinar esto con el sabor del tres leches tenemos como resultado un sabrosísimo postre.

INGREDIENTES:

- 1 barra de mantequilla
- 1 libra de pan viejo cortado en cubos de 1 pulgada
- 2 tazas de leche entera
- 1 taza de leche condensada
- 1 taza de leche evaporada
- 1 cucharadita de canela
- 10 huevos
- 1 cucharada de extracto de vainilla
- 1 taza de helado de vainilla

PREPARACIÓN:

Corta el pan en cubitos y coloca en una bandeja honda engrasada con la barra de mantequilla. Luego, en un recipiente aparte mezcla la leche con la leche condensada, la leche evaporada, la canela, los huevos, el extracto de vainilla y el helado de vainilla. Asegúrate de mezclar muy bien y luego agrega por encima del pan. Lleva a un horno precalentado a 350°F por unos 35 minutos. Retira y deja reposar a temperatura ambiente.

pudín de pan de chocolate

PARA 8 PERSONAS

Este fue el primer postre que serví en mi primer restaurante, Sabores by Chef James. Usábamos cantidades industriales de pan y sobraba mucho, y como siempre he sido partidario de usar todo lo que tenemos a la mano, decidí incorporar esta receta a nuestro menú. Ahora, para hacerlo más gustoso, le añadí chispas de chocolate que al calentarse un poco se derriten, derritiendo también a quien lo pruebe.

INGREDIENTES:

½ libra de pan brioche

3 huevos

½ taza de crema de leche

2 cucharaditas de vainilla

¼ de taza de leche entera

½ taza de chocolate oscuro derretido

1 cucharadita de canela

moras y arándanos para decorar

PREPARACIÓN:

Precalienta el horno a 350°F. Corta el pan en cubitos y coloca en un refractario de vidrio engrasado. Luego, en un recipiente mezcla los huevos con la crema de leche, la vainilla, la leche, el chocolate derretido y la canela. En seguida, agrega esta mezcla húmeda por encima del pan. Después, presiona el pan ligeramente con la palma de la mano hacia abajo y lleva al horno por unos 35 a 40 minutos. Deja reposar a temperatura ambiente por 30 minutos más y luego procede a cortar y servir.

tip de chef james >> Sírvelo con una bolita de helado de vainilla para crear un contraste de texturas entre lo tibio y lo helado.

S'mores de banana al horno

PARA 4 PERSONAS

¿Cómo olvidar esta receta? De seguro la conoces porque la historia que te contaré a continuación me ocurrió en un programa en vivo, e incluso salió en algunos diarios digitales. Estábamos mi amigo Raúl González y yo en el programa *Un nuevo día* y preparábamos una receta para niños. Teníamos todo preparado, empezamos a cocinar y llevamos las bananas al horno... ¡aquí fue que ocurrió la sorpresa! Justo cuando fui a retirar las bananas del horno, ¡me di cuenta de que este estaba a todo dar! El resultado fue unas bananas carbonizadas en frente de todo el público de televisión nacional. Nos reímos y enseguida las preparé de nuevo.

Tienes que saber tú en casa que este platillo tiene poderes especiales y es que los niños harán lo que sea para que se los prepares nuevamente. Para esta receta tomé la combinación clásica de un *S'mores* y añadí la banana como el agente que une todo esto en una gran explosión de sabor.

INGREDIENTES:

- 4 bananas
- 8 cucharadas de chispas de chocolate
- 4 cucharadas de malvaviscos mini
- 1 cucharadita de canela
- 6 galletas Graham trituradas

PREPARACIÓN:

Toma las bananas y con un cuchillo abre un bolsillo sobre la cáscara. Luego, con una cuchara saca un poquito de la pulpa de la banana para hacer un espacio y rellenar el mismo con chocolate, malvaviscos, canela y galleta triturada. Lleva a un horno precalentado a 400°F hasta que el chocolate y los malvaviscos estén derretidos.

> **tip de chef james >>** Su cocción es muy rápida, así que vigílalo cuando esté en el horno para que no se queme, ¡te lo digo porque ya me pasó! Y si quieres darle un toque extra a este postre, sírvelo con una bola de helado de vainilla.

mousse de chocolate y aguacate

PARA 6 PERSONAS

No podía dejar de incluir en mi libro una versión con menos calorías del popular mousse de chocolate, ni tampoco dejar afuera a mis amigos veganos para que disfruten de este delicioso postre. Te sorprenderás con esta receta, ya que si yo pude engañar a un chef francés con la procedencia de mi mousse de chocolate, tú seguro fascinarás a todos con esta versión. El aguacate aporta cremosidad pero tiene un sabor neutro que resalta la fuerza del chocolate. Es muy rápida de hacer y en realidad la parte más difícil ¡es esperar mientras se enfría en el refrigerador!

INGREDIENTES:

3 aguacates sin semilla

½ taza de miel de agave

2 cucharadas de aceite de coco

3 cucharadas de azúcar granulado

1 cucharada de extracto de vainilla

1 cucharada de vinagre balsámico

1 cucharada de salsa de soya

1 taza de cacao en polvo

moras rojas para decorar

PREPARACIÓN:

Agrega todos los ingredientes a un procesador, excluyendo el cacao, y procesa hasta que estén combinados. En seguida, agrega el cacao y procesa nuevamente. Sirve en un recipiente y presiona el mousse con un papel plástico para mantenerlo firme. Lleva al refrigerador por 2 horas y sirve con unas moras rojas.

tip de chef james >>
Una ventaja de esta receta es que puedes utilizar aguacates que estén más maduros de lo normal. Lo que se busca en ellos es la cremosidad, así que funcionan perfecto y te ayudan a no desperdiciar ingredientes.

crepas de dulce de leche y banana

PARA 6 PERSONAS

Esta receta es muy divertida de preparar porque te aventurarás a prender ron en fuego para caramelizar el azúcar, ¡y de inmediato te sentirás de fiesta! Además, siempre ayuda hacer un poquito de teatro antes de servir cualquier receta para que los invitados la reciban con más gusto.

INGREDIENTES:

PARA LA CREPA
1 taza de harina

1 cucharada de azúcar

3 huevos

2 tazas de leche

2 cucharadas de mantequilla

4 cucharadas de dulce de leche

PARA ARMAR:
6 crepas

12 cucharadas de dulce de leche

6 cucharadas de azúcar

6 onzas de ron de naranja

6 bolas de helado de vainilla

PREPARACIÓN:

PARA LA CREPA
Mezcla todos los ingredientes para las crepas en una licuadora. Luego, en un sartén antiadherente de 10 pulgadas agrega un cucharón con la mezcla de crepas y esparce por toda la superficie. En seguida, deja cocinar y voltea.

PARA ARMAR
Coloca 2 cucharadas de dulce de leche en cada crepa y envuelve. Lleva 1 minuto y medio al microondas y coloca en el plato con 1 cucharada de azúcar por cada crepa. En seguida, en una copa enciende con un encendedor 1 onza de ron y agrégalo por encima a 1 crepa para que queme el azúcar. Repite con las crepas restantes. Coloca por encima de cada una, 1 bola de helado de vainilla.

pastel de zanahoria

PARA 6 A 8 PERSONAS

Como pasa en muchos hogares, esta receta pasó de generación en generación. Comenzó con mi abuela y de ahí pasó a ser de mi madre, luego pasó por mí y ahora pasa a ser de todos ustedes. La zanahoria, por su alto contenido de azúcar, hace que no tengamos que agregar tanto azúcar refinado. La magia de esta receta ocurre en el horno porque conforme se hornea, los sabores del clavo, la zanahoria y la canela se mezclan en una combinación sin igual. Recuerdo que me levantaba los domingos y escuchaba a mi mamá gritar: «TORTA DE ZANAHORIAAA», algo que me hacía despertar inmediatamente.

INGREDIENTES:

- 1 taza de miel de agave
- 1 taza de aceite de oliva
- 3 huevos
- 2 cucharadas de extracto de vainilla
- 3 tazas de zanahoria rallada
- 2 tazas de harina
- 2 cucharadas de bicarbonato de sodio
- 2 cucharadas de polvo para hornear
- 2 cucharadas de canela
- 1 cucharadita de clavo molido

PREPARACIÓN:

En una batidora agrega la miel de agave, el aceite de oliva, los huevos, el extracto de vainilla, la zanahoria y mezcla bien. Luego, en un recipiente aparte mezcla los ingredientes secos: la harina, el bicarbonato, el polvo para hornear, la canela y el clavo molido. En seguida, agrega esta última mezcla poco a poco sobre la mezcla inicial, con la batidora encendida a muy baja velocidad. Lleva a un molde para pasteles y después a un horno precalentado a 350˚F por 45 minutos.

chimichangas de chocolate y banana

PARA 4 PERSONAS

Convertir una receta típicamente salada como las chimichangas en un delicioso postre es algo sumamente fácil con un poquito de imaginación y creatividad, y es que de esto se trata la cocina. Ya verás que en unos cuantos minutos estarás deleitando a todos en casa con esta receta fácil, rápida y con el factor *¡wow!* Es que el chocolate y las bananas al calentarse se visten el uno al otro. Y al morder esta increíble mezcla debes estar preparado para limpiar el chocolate derretido de los bordes de tu boca. ¡Dios, necesito una ya mismo!

INGREDIENTES:

- ¼ **galón de aceite de canola**
- **2 bananas**
- ½ **cucharadita de canela en polvo**
- ½ **taza de almendras trituradas**
- **4 tortillas de harina de 8 pulgadas de diámetro**
- ½ **taza de chocolate con avellanas para untar, más 1 taza para decorar**
- **palillos**

PREPARACIÓN:

Coloca el aceite en una olla y lleva a 350˚F.

En un recipiente, mezcla las bananas picadas en cuadritos, la canela, las almendras, y deja a un lado. Luego, toma 1 tortilla y unta 1 cucharada del chocolate. Acto seguido, agrega unas 2 a 3 cucharadas del relleno de banana, forma un rectángulo de 4 pulgadas y enrolla. Asegura con palillos y fríe hasta que estén bien doraditas. Sirve con chocolate con avellana derretido por encima al gusto.

tiramisú de mango

PARA 4 A 6 PERSONAS

Este postre puede ser el gran final de una cena romántica. Aunque el tiramisú de por sí es un postre complicado y con muchos procesos tediosos, he encontrado una manera más corta y más sencilla de hacerlo. Una de las cosas que más me gusta de este platillo es la cremosidad y el toquecito único de sabor que le da el licor de coco También el hecho de que a esta típica receta italiana le queda muy bien el mango, un sabor tropical por naturaleza que lo ha convertido en uno de mis favoritos.

INGREDIENTES:

- 1½ taza de crema de leche
- ½ taza de azúcar extra fino
- ½ taza de licor de coco
- 1 taza de queso mascarpone
- 2 cucharadas de cáscara de limón
- 4 mangos maduros
- 1 taza de jugo de piña
- 25 bizcochitos

PREPARACIÓN:

En un recipiente, bate la crema con el azúcar fino hasta alcanzar la textura de copo de nieve. Luego, agrega 2 cucharadas de licor de coco. Después, incorpora con la crema previamente batida, el queso mascarpone, la cáscara de limón y lleva al refrigerador. Licúa la mitad de los mangos en una licuadora, sin agregar agua, y deja a un lado. Luego, pica los otros dos mangos y deja a un lado. Aparte, en un recipiente coloca el jugo de piña con el licor de coco. Para ensamblar, coloca los bizcochos en la mezcla de piña y licor, y lleva a un vaso corto para formar una base, luego agrega 2 cucharadas de la crema batida, seguida de la salsa de mango y repite el proceso hasta llegar al extremo superior. Decora con mango troceado y menta.

pastel de yuca

PARA 4 A 6 PERSONAS

La yuca no suele recibir mucho crédito pero es un ingrediente sumamente versátil porque puede servir como acompañante perfecto de parrillas y, en casos como este, como la protagonista de un delicioso postre. Su sabor peculiar y su textura hacen de este pastel una verdadera maravilla y te garantizo que una vez que lo pruebes, nunca más verás la yuca de la misma manera.

INGREDIENTES:

> 1 libra de yuca rallada finamente
>
> ¼ de taza de mantequilla
>
> ½ taza (4 cucharadas) de azúcar
>
> 2 huevos
>
> 1 cucharadita de extracto de almendra
>
> ¼ de taza de leche evaporada
>
> 1 cucharadita de polvo para hornear
>
> 1 cucharadita de cáscara de limón
>
> 1 cucharadita de cáscara de naranja1 taza de mermelada de mora
>
> ½ taza de crema batida
>
> menta fresca

PREPARACIÓN:

Precalienta el horno a 350°F.

Una vez pelada y rallada la yuca, coloca la pulpa en una toalla de cocina y comienza a exprimir el exceso de líquido de la misma. Luego de haber hecho esto, deja a un lado y mientras tanto, en un recipiente de vidrio comienza a hacer crema la mantequilla con el azúcar, seguida de los huevos y el extracto de almendra. Una vez integrados los huevos, agrega la leche evaporada y la yuca rallada, el polvo para hornear, la cáscara de limón y la cáscara de naranja. Coloca la mezcla en unos recipientes circulares individuales y lleva al horno por 35 minutos. Retira del molde y sirve con la mermelada de moras por encima ligeramente caliente, la crema batida y la menta.

natilla

PARA 6 PERSONAS

Podría decir que este es un postre casero por excelencia en toda Latinoamérica. Y por supuesto, hay varias versiones de él. Yo he incluido, en mi opinión, la más deliciosa y fácil de preparar de todas. Es típico ver este postre en diciembre, pero en realidad puedes prepararlo cuando quieras, porque el buen sabor ¡no tiene calendario!

INGREDIENTES:

4 tazas de leche entera

1 cucharada de extracto de vainilla

1 cucharada de maizena

4 onzas de azúcar moreno

½ cucharadita de bicarbonato de sodio

4 rajas de canela

2 cucharadas de mantequilla

1 cucharada de extracto de vainilla

2 onzas de nueces picaditas

2 onzas de almendras picaditas

2 onzas de pecanas picaditas

PREPARACIÓN:

En una olla para salsas lleva la leche y la vainilla a hervor, luego reduce la temperatura, agrega la maicena y diluye bien. En seguida, agrega el azúcar moreno y continúa mezclando hasta que esté disuelto. Después de que esto ocurra, procede a agregar el bicarbonato y la canela. Mezcla hasta que empiece a espesar. Cocina por 20 minutos removiendo constantemente hasta que esté bien espesa y el color se torne caramelo.

A continuación, retira las rajas de canela y agrega la mantequilla para así incorporarla al resto de la mezcla. Coloca dicha mezcla en un refractario de vidrio, agrega las nueces, las almendras y las pecanas picaditas por encima y deja enfriar por 4 horas, luego retira y corta en cubos.

tip de chef james >> Para evitar que se forme una especie de piel encima de la natilla, cubre la superficie directamente con papel plástico.

super churros con salsa de guayaba

PARA 6 A 8 PERSONAS

Esta receta puede ser el broche de oro de cualquier comida que realices en casa. El churro, con su textura crocante por fuera y cremosa por dentro y su intenso color dorado, es perfecto para untarse con la deliciosa salsa de guayaba. A diferencia del churro tradicional que suele comerse con chocolate, o con azúcar espolvoreada, quise dar a esta receta un toque más tropical, más de nosotros, por eso añadí la salsa de guayaba. ¡Pruébala en casa y ya me dirás cómo te gusta más!

INGREDIENTES:

PARA LA SALSA DE GUAYABA

1 taza de mermelada de guayaba

¼ de taza de agua

1 rama de romero

PARA LOS CHURROS

1 taza de agua

½ taza (8 cucharadas) de mantequilla

¼ de taza de azúcar

1 taza de harina

3 huevos

¼ galón de aceite vegetal

¼ de taza de canela en polvo para decorar

PREPARACIÓN:

Cocina la mermelada con el agua y el romero por 10 minutos.

Para hacer los churros, vierte el agua y coloca mantequilla en una olla, y lleva a que dé un hervor. En seguida agrega el azúcar y diluye. Luego agrega la harina y mezcla vigorosamente. Retira del fuego y mezcla los 3 huevos, incorpora hasta que se vuelva una especie de masa. Lleva la masa a una manga pastelera con una punta de estrella gruesa.

Después, forma los churros en una bandeja y lleva al refrigerador por aproximadamente dos horas. Una vez firme, fríe los churros en aceite caliente hasta que alcancen un color bien dorado.

> ## tip de chef james >>
> Puedes bañar los churros en otras salsas para combinar más sabores. Por ejemplo, en mi restaurante Sabores by Chef James lo servíamos con 3 salsas, una de guayaba, una de chocolate y otra de dulce de leche.

¡happy hour!
cócteles para sorprender

Uno de los momentos más divertidos de la cocina es cuando nos ponemos a preparar deliciosas bebidas. Y es que los cócteles han estado disfrutando de una renovada popularidad en los últimos años. Por eso es importante que cualquier buen anfitrión tenga una buena variedad de recetas, fáciles y rápidas de preparar, siempre a la mano.

Antes de adentrarnos en las recetas, quiero introducirte al mundo de los cócteles: sus sabores, los licores más populares y en qué copa o vaso deben ser servidos. Todo estos detalles te ayudarán a la hora de hacerlos y, ¿por qué no?, a que preparándolos te conviertas en el alma de las reuniones sociales.

¡Primero lo primero! Los cócteles están compuestos de tres partes básicas: la base, el cuerpo y el aditivo aromático, o como le digo yo, el factor aromático. La combinación de estos tres componentes es la responsable de que los cócteles queden espectaculares o de que tu *happy hour* no esté bueno y dure tan sólo escasos minutos. A continuación, les explicaré un poco más sobre los protagonistas de los cócteles:

■ **La base**: La creación de un cóctel gira en torno a este ingrediente porque todas las bebidas se construyen alrededor de él (¡es un ingrediente un poco egocéntrico!). Se acostumbra usar como base un licor con un grado alcohólico de entre 29 por ciento y 60 por ciento, como el whiskey, el brandy, el ron, el tequila, la ginebra o el vodka, por mencionar algunos.

El factor que nos ayudará a determinar la proporción de la base con el resto de los ingredientes es el tamaño del trago. Es decir, dependerá de si vamos a preparar tragos cortos o tragos largos. Cuando se trata de un trago corto, especialmente si lo vamos a servir en una copa de cóctel, la cantidad de la base puede estar entre la mitad y tres cuartos del trago. En los tragos largos, la base sólo debe ocupar alrededor de un cuarto del volumen del cóctel. Aquí el sabor del licor es mucho más suave, aunque por lo general siempre podremos reconocer al menos un poquito del licor que se utilizó para la base.

■ **El cuerpo**: Es el ingrediente, o el conjunto de ingredientes, que complementa el sabor y el aroma del ingrediente base. Este podría ser representado por algún licor menos fuerte que la base, como los vinos comunes, los espumosos, los aromatizados o fortificados o por otros líquidos que aporten sabor y aromas sin incrementar la cantidad de licor en la bebida. No es regla, pero por lo general podemos encontrar a los vinos en la preparación de tragos cortos, aunque no sería raro ver a un barman usando champagne para la preparación de un trago largo.

Como ingredientes que conforman el cuerpo sin añadir más licor, podemos encontrar los jugos de frutas y vegetales. Estos aportan consistencia y el saborcito dulce de la fruta a la bebida dependiendo de cuál uses. ¡También aportan azúcar a la bebida! Así que presta atención a la cantidad de estos que agregues si estás tratando de cortar calorías. Para una consistencia

más liquida, entre los jugos más usados encontramos el jugo de naranja o arándano, y para una consistencia más densa, se podría usar jugo de tomate, que por cierto, es el protagonista de uno de las bebidas que más me gustan: El *Bloody Mary* (¡más adelante te comparto una receta que te encantará!).

También, como jugos de frutas se utilizan los jugos de limón y de lima. Debido a su sabor ácido, debes tener cuidado de no agregarlos en exceso porque podrías opacar el sabor de los otros ingredientes. Al utilizar jugos debes recordar que al igual que en la cocina, la calidad de los ingredientes es muy importante para que cualquier bebida tenga el mejor sabor posible. No queremos que una fruta o un jugo de fruta, por no estar en su punto, eche a perder el sabor de un delicioso cóctel.

Otros componentes del cuerpo son el agua mineral, con o sin gas, y también las gaseosas con sabor a cola, la tónica y el ginger ale, entre otras. Todas estas aportan un buen sabor y/o textura burbujeante a la bebida que va muy bien con los tragos refrescantes.

Por último, el cuerpo de un cóctel incluso puede estar conformado por algún líquido graso como la leche o la nata, o hasta la clara o la yema de huevo. El Pisco Sour, por ejemplo, una bebida que se ha vuelto muy popular en los últimos años, lleva clara de huevo. Recuerda que para un buen cóctel se debe tener moderación a la hora de agregar cualquiera de estos líquidos porque podría llegar a hacer sentir la bebida pesada y esto puede ser desagradable para quien la tome.

- **El factor aromático**: ¡El último componente de un buen cóctel! Este es el responsable de dar o acentuar en el cóctel el sabor amargo o dulce, y en algunos casos, hasta su color. Estos se dividen en jarabes y licores, y pueden aportar una dosis de sabor amargo bastante fuerte como es el caso del Campari, aunque otros también actúan principalmente sólo como colorantes, como es el caso de la granadina.

  Lo ideal es que los ingredientes del factor aromático suavicen el fuerte sabor del licor base y le aporten un aroma nuevo. Además, hay algunos que tienen la capacidad de aportar colores espectaculares a las bebidas, lo que nos permite darle esa magia tan importante a la hora de elaborar una buena presentación para el trago.

Los cócteles han estado disfrutando de una renovada popularidad en los últimos años.

Dónde servir los cócteles

El vaso o copa donde se sirve la bebida juega un papel muy importante porque son vitales para la presentación de los cócteles. Aunque parezca mentira, este simple detalle da una personalidad particular a cada trago. Y es que una escena de James Bond en un bar no sería lo mismo sin la peculiar copa de Martini que lo acompaña siempre, o un brindis con vino entre amigos no sonaría tan bien sin su distinguida copa. Todas estas características hacen que las bebidas sean más maravillosas y algunos dirían que incluso saben mejor.

La verdad es que hay una infinidad de vasos y copas en los cuales se pueden servir los cócteles. Estos varían en tamaño, formas e incluso en los materiales de los que están hechos. Sin embargo, en casa no necesitas tenerlos todos. Con tener los más populares podrás servir una gran variedad de bebidas a la perfección.

Ahora, entre los vasos y copas más populares existen los siguientes:

- **Copas de vino**: Existen dos tipos de copa de vino, una para vino tinto y otra para blanco. La diferencia entre estas es que la del vino tino tiene la parte superior más amplia para que la bebida respire. Cuando estés tomando de ellas, recuerda sujetarlas por el tallo para evitar que el líquido cambie de temperatura. Por último, al momento de servir el vino, trata de no llenar más de la mitad de la copa.

- **Copa de champán**: Es una copa de forma alargada y más estrecha que las copas de vino. Su peculiar forma ayuda a mantener la carbonatación de la bebida. Esta copa es ideal para los vinos espumosos y también para cócteles que cuenten con champán, como la Mimosa, el Bellini y el Rossini.

- **Copa de cóctel**: Esta copa tiene un diseño elegante y se adapta de manera fenomenal a la mano. La parte superior de la misma es grande para dejar

espacio para decoración. Su capacidad máxima es de 4 onzas y la podrás utilizar para servir la mayoría de los cócteles

- **Copa de Martini**: Se utiliza, como su nombre lo indica, para servir Martinis y sus distintas versiones. También, esta copa es ideal para servir otros cócteles que no tengan hielo y que sean preparados con vodka. Su capacidad es de aproximadamente 12 onzas y, al igual que las copas de vino, debes sujetarla del tallo para evitar calentar la bebida.

- **Vaso *highball*:** Sin duda, uno de los vasos más populares y utilizados en el mundo de los cócteles por su utilidad máxima, por lo tanto vale la pena tenerlo en casa. Es el vaso por excelencia para servir los «tragos largos» ya que se presta para la mezcla de varios ingredientes. Por lo general, su capacidad oscila entre las 8 y las 12 onzas.

- **Vaso *lowball*:** Es una versión más pequeña del vaso *highball* y se utiliza primordialmente para servir bebidas en las rocas u otros cócteles que tengan licores destilados entre sus ingredientes. Su capacidad es de aproximadamente 6 onzas.

El vaso o copa donde se sirve la bebida juega un papel muy importante porque son vitales para la presentación de los cócteles.

Ya que ahora tienes una mejor idea de lo que compone un cóctel y en qué servirlo, es el momento de pasar a las recetas. He incluido una selección de cócteles fuera de lo convencional para animarte a probar nuevas cosas y a que vayas tomando confianza en este tema. Quiero que a la hora de hacer una reunión familiar en casa puedas sorprender a todos tus invitados con deliciosas bebidas, y no tengo duda de que con las recetas a continuación, lo lograrás.

¡Salud!

paletas de margarita cremosas

PARA 6 A 8 PERSONAS

Esta divertida receta le da otra dimensión de sabor y textura a un típico *happy hour*. Las paletas de margarita cremosas son perfectas para sorprender a los invitados y que todos pasen un buen rato. ¡Te garantizo que causarán furor! La inspiración de esta receta fue que a todos nos gusta de alguna u otra manera la comida cuando tiene un toque divertido, y un día, sentado con el equipo creativo de sabores, decidimos hacer una paleta pero con un giro más interesante. Luego de grabarlo para nuestro canal de YouTube, decidimos incluirlo en el menú de Sabores by Chef James.

INGREDIENTES:

- jugo de 8 limones
- 12 onzas de leche condensada
- 1 taza de agua
- ½ taza de tequila
- jugo de 1 naranja
- vasos pequeños de plástico
- rodajas de limón para usar como base
- palitos de madera para paletas
- rodajas de limón para sostener los palitos

PREPARACIÓN:

En una licuadora agrega todos los ingredientes y licua por aproximadamente unos 2 minutos hasta que todos estén bien integrados. Luego, llena los vasos de plástico con dicha mezcla, coloca por encima 1 limón, y por encima del limón introduce 1 palito de madera o de paleta hasta la mitad del vaso. Después, coloca en una bandeja y mete al congelador por unas 6 u 8 horas aproximadamente.

pisco sour de maracuyá

PARA 1 PERSONA

La adición del jugo de maracuyá convierte la receta del clásico Pisco Sour en una bebida con sabor tropical inigualable. Lo mejor de este cóctel es que es muy rápido de preparar y es bien recibido por la mayoría, lo que lo convierte en una buena opción para cualquier reunión de amigos o familiares.

INGREDIENTES:

  2 onzas de pisco

  1 onza de sirope simple

  1 onza de jugo concentrado de maracuyá

  1 clara de huevo

  7 cubos de hielo

  canela en polvo para espolvorear

PREPARACIÓN:

Añade todos los ingredientes en la licuadora y enciéndela por 45 segundos. Sírvelo en un vaso corto o en una copa de vidrio y procede a espolvorear un poco de canela encima.

mojito cubano con arándanos azules

PARA 1 PERSONA

Esta vez le añadimos todo el sabor y el color de los deliciosos arándanos azules a la clásica bebida cubana para darle un toque un poco distinto que asombrará a tus invitados. Me gusta mucho esta versión del mojito porque tiene una gran presentación, ¡y una deliciosa combinación de sabores!

INGREDIENTES:

1 taza de arándanos azules, más unos pocos para decorar

10 hojas de menta frescas, más 1 para decorar

1 onza de azúcar

2 onzas de jugo de lima

3 onzas de ron blanco

Club soda para cubrir

PREPARACIÓN:

Toma ¾ de la taza de arándanos azules y conviértelos en puré en una licuadora, si es necesario añade agua. Machaca la menta y el azúcar en un vaso largo, luego añade el jugo de lima, el ron y el puré de arándanos. Por último, agrega hielo, culmina el mojito con club soda y revuelve. Decora con una ramita de menta y arándanos azules en un palillo.

tequila *bloody mary*

PARA 1 PERSONA

Como buen amante del picante, era imposible no incluir este rico cóctel en mi libro. A diferencia del clásico *Bloody Mary*, sustituyo el vodka por el tequila, un licor que acompaña de manera espectacular el sabor picosito de los chiles y la salsa picante. ¡Es toda una delicia!

INGREDIENTES:

1 cucharada de chile piquín en polvo

1 cucharada de sal kósher

1 onza de jugo de limón

un toque de salsa de soya

2 onzas de tequila

3 onzas de jugo de tomate

un toque de salsa picante (preferiblemente roja)

1 chile guajillo

PREPARACIÓN:

Para empezar, mezcla las cucharadas de chile piquín y la sal en un plato. Luego, moja la parte superior de un vaso alto y frótalo con una mezcla de sal y chile. Después, agrega hielo al vaso seguido del jugo de limón, la salsa de soya, el tequila, el jugo de tomate y la salsa picante. Mezcla todo con una cuchara alta y adorna la bebida con chile guajillo.

tomatillo *bloody mary*

PARA 1 PERSONA

¡Rapidísimo de hacer porque puedes ayudarte con la licuadora! Esta versión del *Bloody Mary* tiene un espectacular color y sabor. Procura los tomatillos más frescos que puedas encontrar, para garantizar un increíble sabor; y, si te gusta el picante, no tengas miedo de agregarle un poco más de lo que te indico en las instrucciones.

INGREDIENTES:

1½ onzas de vodka

1 onza de jugo de lima

1 cucharada de salsa picante verde

½ cucharada de rábano picante preparado

1 cucharadita de jugo de aceituna

1 chile serrano

1 rodaja de lima

4 tomatillos

1 pepino

1 manzana verde

1 tallo de apio

PREPARACIÓN:

Combina todos los ingredientes en una licuadora, menos el tallo de apio, y procésalos hasta que la mezcla esté bien integrada. Luego, cuela la mezcla para deshacerte de la pulpa y las semillas de los tomatillos, del chile y de la manzana. Sirve en un vaso *high-ball*, previamente enfriado, y decora con el tallo del apio.

caipiriña de fresa

PARA 1 PERSONA

Trae todo el buen sabor de Brasil a tu casa con esta refrescante y deliciosa caipiriña de fresa. Esta bebida, por lo general, es un poco dulce y excelente para disfrutar en los días de verano. ¡Pruébala con tus amigos y verás cómo te querrán robar la receta!

INGREDIENTES:

   6 segmentos de limón
   2 cucharadas de azúcar granulado blanco
   8 rodajas de fresas
   menta fresca
   1½ onzas de cachaza
   hielo

PREPARACIÓN:

Comienza agregando los segmentos de limón y el azúcar en un vaso *highball*. En seguida, machaca el azúcar y el limón juntos para que los jugos del limón empiecen a mezclarse de manera uniforme con el azúcar. Luego, añade la mitad de las rodajas de fresas y machaca de nuevo. Una vez hecho esto, agrega el resto de fresas, la menta fresca, la cachaza y por último el hielo. Mezcla suavemente, y ya está listo para ser disfrutado.

espresso martini

Esta deliciosa bebida con dosis de cafeína incluida es perfecta para cualquier reunión, sobre todo a la hora del brunch. La sirvo en mi restaurante porque su sabor peculiar de café y, por su puesto el vodka, lo han convertido en el favorito de muchos. Anímate a prepararlo en casa y queda como todo un barman profesional.

INGREDIENTES:

hielo
1 *shot* de café *espresso*
1 onza de vodka
1 onza de licor de café
1 onza de licor de avellana
sirope simple al gusto
4 vasos pequeños de Martini

PREPARACIÓN:

Para comenzar, toma la coctelera y llénala con hielo. En seguida, agrega un *shot* de café *espresso*, el vodka, el licor de café, el licor de avellana y el sirope simple al gusto. Luego, agita con fuerza y sirve en una copa de cóctel fría. El cóctel debería tener una buena capa de crema en la superficie. Puedes decorar con granos de café por encima, y ya está listo para disfrutar.

martini de sandía *light*

PARA 2 PERSONAS

Para los amantes de los Martinis, no podía dejar de incluir una versión más *light* del popular cóctel. Me atrevería a decir que es una de las bebidas más fáciles de hacer de todo mi libro ya que aquí el endulzante lo pone la refrescante y colorida sandía. ¡Una muy buena opción para cuando estás cuidando tus calorías!

INGREDIENTES:

3 tazas de sandía fresca

4 onzas de vodka cítrica o de limón

jugo de 1 limón

2 tazas de hielo

PREPARACIÓN:

Coloca todos los ingredientes en la licuadora y licua durante 2 minutos. Sirve en copas de Martini y decora con aros de limón el borde de las mismas.

margarita burbujeante de jalapeño

PARA 1 PERSONA

La margarita ya de por sí es un trago refrescante, pero con esta versión burbujeante la querrás aún más de acompañante para tus días de verano. Te sorprenderás con lo bien que funciona la combinación de sabores de los aros de jalapeño y el champán con la textura burbujeante.

INGREDIENTES:

2 aritos de jalapeño

2 cucharadas de hojas de cilantro

1 onza de licor de naranja

2 onzas de jugo de limón fresco

2 onzas de tequila blanco

1 onza de jarabe de goma

1 onza de champán

sal para el aro del vaso

PREPARACIÓN:

Empieza por agregar a un vaso 2 aritos de jalapeño y unas cuantas hojas de cilantro. Luego machácalas suavemente. En el mismo vaso añade el licor de naranja, el jugo de limón fresco, el tequila blanco y el jarabe de goma. Después, procede a mezclar todo con una cuchara para luego añadir un poco de hielo. Por último, sirve la mezcla en un vaso de margarita y dale el toque final agregándole champán.

sangría tradicional

PARA 6 A 8 PERSONAS

¡Una de las bebidas ideales para compartir con amigos en verano! Su nombre se deriva de su color rojizo como la sangre y es oriunda de la península ibérica. Por lo general se hace en grandes cantidades y se coloca en una jarra para luego servir en copas individuales. Para prepararla se suelen utilizar vinos baratos ya que su sabor es disfrazado por el sabor de las frutas y demás ingredientes.

INGREDIENTES:

- 4 cucharadas soperas de azúcar
- 2 ramas de canela
- nuez moscada molida
- Cáscara de 1 naranja
- 1 litro de vino tinto
- 2 duraznos frescos, picados
- 1 manzana picada
- 1 pera picada
- Media piña natural en rodajas
- 1 naranja en rodajas
- 2 limones en rodajas
- ½ cuarto de galón de soda

PREPARACIÓN:

En una olla, agrega el azúcar y 2 cucharadas de agua. En seguida, agrega la canela, la nuez moscada y la cáscara de naranja, y calienta por 10 minutos. Luego, en una jarra grande agrega el vino, los duraznos, la manzana, la pera, la piña, las rodajas de naranja y de limón seguido por la soda y el sirope infusionado. Sirve en copas de vino individuales con hielo.

agradecimientos

Soy fiel creyente del dicho «Si quieres ir rápido, camina solo; pero si quieres llegar lejos, ve acompañado». ¡Mi vida y mi carrera han sido ejemplos de ello! He corrido con la fortuna de estar rodeado de personas de gran calidad que me han llevado de la mano para ayudarme a llegar hasta donde me encuentro hoy, y por esto estoy eternamente agradecido.

Tengo que empezar agradeciendo principalmente a Dios por permitirme hacer día tras día lo que tanto amo: cocinar. Le doy gracias por darme la oportunidad de hacerlo a través de la televisión, de mi restaurante, de las redes sociales y, ahora, de compartir con todos ustedes en la intimidad de sus hogares, por medio de este libro. Además, le doy las gracias también por darme esos golpes de creatividad que me permiten crear, cada día, sabrosas recetas para todos.

En segundo lugar, debo agradecer a mi gran familia, y en especial a mi madre: mujer guerrera desde que tengo uso de razón y la que me enseñó a dar siempre la cara al mundo sin importar el obstáculo, alentándome a tratar en todo momento de ser el mejor en todo lo que hiciera. Te agradezco infinitamente por haber tenido el valor de emigrar a un país nuevo y a empezar de cero con un gran peso encima: yo.

También quisiera dar un agradecimiento muy especial al señor David, mi vecino y primer mentor en la cocina. A él le debo mi iniciación porque fue quien encendió mi llama y vocación para convertirme en chef. Fue quien desarrolló mi paladar desde chico y quien me enseñó el amor por la cocina. Le doy gracias desde aquí hasta el cielo, donde de seguro está preparando cocido gallego a todos allá arriba.

A mi grandioso y maravilloso equipo de trabajo: gracias. Son los pequeños gigantes que han trabajado incansablemente en este proyecto. Aprovecho para agradecerles la confianza puesta en mí unos años atrás cuando recién empezaba este proyecto. Esos votos de fe en mí y en nuestro trabajo hicieron la diferencia para que esto poco a poco creciera y llegáramos a donde hoy estamos #TeamChefJames.

También tengo que agradecer a toda la brigada y equipo de mi restaurante Sabores By Chef James. Su entusiasmo, empeño y buen trabajo son extremadamente contagiosos y me ayudan enormemente a seguir adelante en búsqueda de nuevas metas. De corazón, ¡gracias por vestir esta camiseta!

Igualmente, debo agradecer a quien me dio la oportunidad de empezar a vivir este sueño del que jamás quisiera despertar: mi primer jefe en la televisión y productor, Tony Mojena. Además, no puedo dejar de agradecer y mencionar a quien tuvo la visión y empuje para hacer que fuera yo el chef de Telemundo: Jesús Becerra, «El charro negro de Jalisco».

A quienes me han llevado de la mano y han aportado tremendamente a mi carrera, las M&M: María López y Mari García Márquez. Hoy por hoy, les tengo un cariño más que profesional y les agradeceré siempre por su ayuda.

A todos aquellos colegas chefs que me empujaron a dejar de estudiar química para estudiar cocina: ¡gracias! Sin ustedes, esta fantástica carrera no habría sido lo mismo porque me han inspirado a convertirme en un mejor profesional.

A mis amigos, que son pocos, ¡pero los mejores!: Los considero la familia que uno elige y aunque no haya vínculos de sangre eso no nos ha detenido para querernos como hermanos. Sus palabras, apoyo y entusiasmo son vitales para el crecimiento de todos mis proyectos.

Y por último, pero con la misma importancia, quiero dar el agradecimiento más sincero a todos mis seguidores. Ténganlo por seguro que sin ustedes NADA de esto habría sido posible. Gracias por despertarse temprano a verme, por buscar mis recetas en la web, por compartir conmigo en las redes sociales y por acompañarme día tras día. ¡Los tengo siempre muy presentes y gracias por ir de la mano conmigo en esta mágica travesía! A todos: gracias por estar siempre a mi lado, queriéndome sin condición. Por ustedes puse y pondré siempre el corazón.

para más información

Además de este libro, siempre puedes contar con mi página web www.jamestahhan.com para buscar inspiración, tips, recetas o datos curiosos sobre mí y la cocina, al igual que en Twitter (@ChefJames), Instagram (@ChefJames) o Facebook.com/chefjamestv.

índice alfabético de recetas